Böddeker/Winter
Die Kapsel

Günter Böddeker/Rüdiger Winter

Die Kapsel

Das Geheimnis um Görings Tod

Econ Verlag
Düsseldorf · Wien

1. Auflage 1979
Copyright © 1979 by Econ Verlag GmbH, Düsseldorf und Wien
Alle Rechte der Verbreitung, auch durch Film, Funk und Fernsehen, fo-
tomechanische Wiedergabe, Tonträger jeder Art und auszugsweisen
Nachdruck oder Einspeicherung und Rückgewinnung in Datenverar-
beitungsanlagen aller Art, sind vorbehalten.
Gesetzt aus der Trump der Linotype GmbH
Papier: Papierfabrik Schleipen GmbH, Bad Dürkheim
Druck und Buchbindearbeiten: Ebner Ulm
Printed in Germany
ISBN 3 430 11374 1

Inhalt

Vorwort

Hermann Göring, der Reichsmarschall des Großdeutschen Reiches, starb von eigener Hand – ein nicht gerade seltenes Vorkommnis unter den Mächtigen des NS-Staates. Adolf Hitler, Joseph Goebbels, Heinrich Himmler, Weg- und Kampfgenossen des Hermann Göring, nahmen sich das Leben in einem Augenblick, in dem ihre Lage aussichtslos geworden war. Sie machten sich davon, bevor jemand sie zur Verantwortung ziehen konnte.

»Hitler vor diesem Gericht? Undenkbar!« hat Hermann Göring im Angesicht des Internationalen Militärtribunals gesagt. Warum hat er, der zweite Mann des Dritten Reiches, sich den Siegern und ihrem Gericht gestellt? Weshalb ist er nicht lange vor dem 15. Oktober 1946 in den Tod gegangen? Hegte er tatsächlich die naive Hoffnung, das Ausmaß seiner Schuld würde nicht erkannt werden? Oder wollte er seinem Führer, dem er zwei Jahrzehnte zuvor sein Leben verschworen hatte, einen letzten Treuedienst erweisen?

An Hermann Görings Aufstieg und Fall läßt sich exemplarisch jene fürchterliche Wirkung erkennen, die Adolf Hitler auf die Menschen in seiner nächsten Umgebung ausübte.

Göring war ein furchtloser Mann gewesen, ein Held sogar. Und in den Augen vieler Deutschen, die das Dritte Reich erlebten, erschien der schwergewichtige Marschall als eine Kraft, die das Schlimmste verhindern konnte. Aber Göring hat nichts verhindert. Unter Hitlers Händen wucherten die bösen Eigenschaften des Bürgersohnes Göring zu monströsen Ausmaßen: seine Brutalität, seine Bedenkenlosigkeit, seine Menschenverachtung. Am Beispiel Göring läßt sich auch im nahezu mikroskopischen Detail der Ablauf eines Prozesses erkennen, an dessen Ende eine vollständige Zersetzung der Persönlichkeit des ehemals aufrechten Mannes Göring stand.

Die Lebensgeschichte des Hermann Wilhelm Göring, 1893–1946, ist über weite Strecken deckungsgleich mit der Geschichte der nationalsozialistischen Bewegung und der des Dritten Reiches. Keiner der Kampfgenossen Hitlers ist so früh zu ihm gestoßen und hat zugleich so lange teilgehabt an dem Unheil, das den Deutschen widerfahren ist, wie Hermann Göring.

Göring war der nächst Hitler wichtigste Mann im Staat, und alle Sieger, die über ihn in Nürnberg zu Gericht saßen, wollten den Reichsmarschall an Hitlers Stelle hängen sehen. Oder doch nicht alle?

Die Antwort auf die Frage, wie Göring in der Tag und Nacht überwachten Zelle des Nürnberger Gefängnisses an das Gift gelangte, das ihn tötete, ist gewiß nicht allein von kriminologischem Interesse. Es scheint, als sei es der Kalte Krieg gewesen, der Hermann Göring vor dem schimpflichen Tod am Galgen bewahrte.

Hamburg, im Januar 1979   Günter Böddeker
Rüdiger Winter

Kapitel I
(Nürnberg)

Am 1. Oktober 1946, einem Dienstag, herrschte in Franken ungewöhnlich schönes Herbstwetter. Zur Mittagszeit stieg die Temperatur auf 16 Grad. Die Sonne spiegelte sich in den Fenstern des Justizpalastes von Nürnberg, eines der wenigen großen Gebäude der Stadt, die nicht im Bombenhagel des Zweiten Weltkrieges zerstört worden waren.

Dieser sonnige 1. Oktober 1946 war ein historischer Tag im hungernden Deutschland – der Tag, an dem die Sieger des Zweiten Weltkrieges ihr Urteil über die Besiegten sprachen: Leben oder Tod für die mächtigsten Männer des Dritten Reiches. Im großen Saal des Justizpalastes blickte der schwarzgekleidete Lordrichter Sir Geoffrey Lawrence durch die Gläser seiner Hornbrille den zwölf Meter von ihm entfernt stehenden Angeklagten an, der in eine blaugraue Uniformjacke ohne Rangabzeichen gekleidet war. Jahrelang hatte die Welt vor der Macht dieses Menschen gezittert. Er war Adolf Hitlers einziger Reichsmarschall gewesen. Nun stand er vor seinem Richter.

Richter Lawrence rückte das Papier auf seinem Tisch

zurecht, reckte den Hals aus dem steifen weißen Kragen seines Hemdes heraus und sagte mit volltönender Stimme: »Hermann Wilhelm Göring.« In diesem Augenblick griff der Angeklagte zum Kopfhörer, der über seine Ohren gestülpt war, nestelte daran herum und fuchtelte mit den Händen – ein Zeichen dafür, daß das Gerät nicht in Ordnung war. Aus dem Hintergrund kam ein uniformierter Techniker der Armee der Vereinigten Staaten von Amerika herbei und überprüfte die Funktion des Kopfhörers.

Stille lag über dem Gerichtssaal. Der Richter und der Angeklagte sahen sich über den Saal hinweg an, unverwandt. Der Techniker hatte schließlich die Reparatur des Gerätes zu einem Ende gebracht, der Angeklagte schob sich den Kopfhörer wieder über die Ohren, und Sir Geoffrey Lawrence, Lordrichter des Vereinigten Königreiches von Großbritannien und Nordirland, begann aufs neue: »Hermann Wilhelm Göring, auf Grund der Anklagepunkte, in denen Sie für schuldig befunden worden sind, verurteilt das Internationale Militärtribunal Sie zum Tode durch den Strang.«

Der Richter blickte den Angeklagten an. Hermann Göring sagte kein Wort. Er streifte die Kopfhörer von den Ohren, ließ sie auf den Tisch fallen, drehte dem Gericht den Rücken zu und verließ den Saal.

Zwei amerikanische Militärpolizisten in khakifarbenen Uniformen, weiße Helme auf dem Kopf, eskortierten den Verurteilten in den Fahrstuhl hinein und durch das Erdgeschoß in die Zelle Nummer 5 im Gefängnisanbau des Justizpalastes. Im Gerichtssaal fuhr Richter Lawrence fort, die Urteile des Internationalen Militärtribunals zu verlesen.

Das Internationale Militärtribunal von Nürnberg war das ungewöhnlichste Gericht der Weltgeschichte. Es veranstaltete in den Jahren 1945 bis 1946 ein Verfahren, das es bis dahin noch nie gegeben hatte:

○ Zum ersten Mal saßen Siegermächte gemeinsam über die politischen und militärischen Führer des besiegten Staates zu Gericht.

○ Zum ersten Mal wurden die Inhaber der höchsten Ämter eines besiegten Staates wie Kriminelle behandelt und wie Kriminelle abgeurteilt.

○ Zum ersten Mal wurde ein Gerichtsverfahren in vier verschiedenen Sprachen – Englisch, Russisch, Französisch, Deutsch – verhandelt und simultan übersetzt.

Das Internationale Militärtribunal hatte seine Sitzungen am 20. November 1945 um 10.00 Uhr morgens eröffnet – sechs Monate nach der bedingungslosen Kapitulation des Deutschen Reiches im Zweiten Weltkrieg am 8. Mai 1945. Es verhandelte an 218 Tagen. Die Protokolle der Verhandlungen füllen 22 dickleibige Bände.

Angeklagt waren 22 Männer des Dritten Reiches. Allen wurde mindestens eines von vier Verbrechen vorgeworfen:

1. Verschwörung zur Eroberung unumschränkter Macht.
2. Verbrechen gegen den Frieden.
3. Kriegsverbrechen.
4. Verbrechen gegen die Menschlichkeit.

Hermann Göring war einer der wenigen in Nürnberg zum Tode verurteilten elf NS-Führer, die in allen vier Punkten zugleich schuldig gesprochen worden waren.

Nie hat es Zweifel an seiner schweren Schuld gegeben. In der Zelle Nr. 5 des Nürnberger Gefängnisses wartete auf den Minuten zuvor zum Strang verurteilten Göring der amerikanische Gefängnispsychologe Gustave Gilbert, der den Deutschen nicht ausstehen konnte. Er hielt ihn für einen »moralischen Feigling«.

Von diesem Mann stammt die Schilderung der ersten Minuten nach dem Spruch des Gerichts.

Gilbert schreibt: »Göring kam als erster herunter, das Gesicht bleich und gefroren, mit hervortretenden Augen.« Göring ließ sich auf die Pritsche fallen, griff nach einem Buch und sagte zu Gilbert: »Das Todesurteil.«

Gilbert: »Seine Hände zitterten, obwohl er sich jetzt bemühte, einen nonchalanten Eindruck zu machen. Seine Augen waren feucht, er keuchte und kämpfte sichtbar mit einem Nervenzusammenbruch.«

Zu dem deutschen Gefängnisfriseur Hermann Wittkamp sagte Göring wenig später: »Jetzt wissen wir es also. Sollen sie mich hängen, schießen können sie ja doch nicht. Ich habe immer auf elf Todesurteile getippt, ohne Bormann – und elf sind es geworden. Nur das mit (Generaloberst) Jodl kann ich nicht verstehen, dafür hatte ich einen anderen. Ich dachte an (Großadmiral) Raeder.«

Für Göring begannen an diesem 1. Oktober 1946 die 14 letzten Tage seines Lebens. Es waren zugleich die 14 längsten Tage. In seiner 3,5 mal 3 Meter großen Zelle wartete Göring auf den Tod. Die Zelle war mit einer Pritsche, einem grob gezimmerten Tisch und einem Stuhl möbliert. Unmittelbar rechts hinter der Tür befand sich die Toilette – zugleich der einzige Punkt der Zelle, der von dem Posten an der Tür nicht gänzlich eingesehen werden konnte.

Göring trug eine blaugraue Jacke ohne Rangabzeichen und Ordensschmuck. Sie schlotterte um seinen Körper. Das Kleidungsstück war auf Maße zugeschnitten, die Göring längst verloren hatte: Er wog nicht einmal mehr 200 Pfund, am Ende des Krieges hatte er über 280 Pfund gewogen.

Zwölf Jahre lang war Hermann Wilhelm Göring einer der mächtigsten Männer der Tyrannei gewesen – fast so mächtig wie Adolf Hitler selbst. Der Reichsmarschall – seit Prinz Eugen in den Türkenkriegen hatte kein Mann deutscher Zunge diesen Titel getragen – war dabei eine der abstoßendsten und populärsten Figuren des NS-Staates zugleich: ein feister Parvenü, der zur Jagd ging, während feindliche Bomberströme Deutschlands Städte vernichteten, ein Mann, der mit der elektrischen Eisenbahn spielte, während seine Piloten vom Himmel fielen, ein Mann, dessen Morphium-Sucht mit jeder Niederlage der deutschen Truppen stieg.

Aber auch ein Mann, an den sich absurde Hoffnungen knüpften: Zivilisten in zerbombten Städten drückten ihm die Hände, deutsche Soldaten klopften ihm noch im Augenblick der militärischen Katastrophe im Frühling des Jahres 1945 auf die Schultern: unser Hermann.

Die Sieger sahen in Göring ihren wichtigsten Gefangenen, den Hauptverantwortlichen nach Hitler selbst, der sich ihrer Rache am 30. April 1945 durch einen Schuß in den Kopf entzogen hatte.

Der Gefängniskommandant von Nürnberg, der amerikanische Oberst Burton C. Andrus, verschärfte deshalb unmittelbar nach den Todesurteilen die Sicherheitsvorkehrungen, um jeden Selbstmord auszuschließen. Er erklärte: »Aus den Fenstern hatte ich das Glas entfernen lassen, niemand durfte einen Gürtel oder Schnürsenkel haben. Nachts mußten Brillen, Füllfederhalter, Uhren und alles, womit man sich Schaden zufügen kann, abgeben werden. Die Verurteilten durften nicht miteinander sprechen, sondern nur mit dem Gefängnispersonal, dem Arzt, dem Zahnarzt und dem Geistlichen.«

Jeden Tag wurden die Zellen durchsucht. Unausgesetzt stand vor der Tür der Zelle 5 – wie auch vor den Türen der anderen Zellen der Hauptangeklagten im Nürnberger Prozeß – ein amerikanischer Soldat, der den Gefangenen durch ein viereckiges Guckloch in der hölzernen Tür beobachtete. Auch nachts brannte in den Zellen Licht.

Am Tage nach dem Urteil schrieb Hermann Göring ein Gesuch an die Alliierten. Er bat darum, ihm die Schande des Hängens zu ersparen und dem Soldaten zuzugestehen, durch die Kugel zu sterben. Das Gesuch wurde abgelehnt. Görings Anwalt Dr. Otto Stahmer formulierte – gegen den Willen seines Mandanten – außerdem ein Gnadengesuch für Göring.

Am Nachmittag des 7. Oktober 1946, der Himmel war bedeckt und durch Nürnberg wehte ein scharfer Wind, durfte Frau Emmy Göring ihren Mann zum letzten Mal besuchen. Mit der blonden Schauspielerin Emmy Sonnemann – sie hatte in Berlin das Gretchen in Goethes »Faust« gespielt – war Hermann Göring in zweiter Ehe

14

seit April 1935 verheiratet, Trauzeuge Adolf Hitler schenkte ihr damals Orchideen.

Nach dem Kriege war die Frau, der das Reich gehuldigt hatte, in ein kleines Forsthaus bei Nürnberg geflüchtet. Die einst strahlende Schönheit war verhärmt und entmutigt. An diesem 7. Oktober 1946 brachte die damals 53jährige Emmy Göring ihre acht Jahre alte Tochter Edda mit in das Zimmer Nummer 57 des Gefängnisses, das für die Besucher der verurteilten Kriegsverbrecher hergerichtet worden war. Bei dieser letzten Begegnung war Hermann Göring von seiner Familie durch engmaschiges Drahtgitter getrennt. Emmy Göring war bleich. Sie kämpfte gegen die Tränen. Göring war durch eine Handschelle an einen Feldwebel der amerikanischen Militärpolizei gefesselt, seine Frau konnte in der Wandöffnung nur seinen Kopf und seine Schultern sehen. Die Eheleute blickten sich an. Sie schwiegen.

Dann sagte Hermann Göring: »Glaub nicht, daß man mich aufhängen wird. Man wird mir eine Kugel geben. Und das will ich auch noch sagen – diese Ausländer können mich ermorden, aber das Recht, mich zu richten, haben sie nicht, das spreche ich ihnen ab.«

Emmy Göring hat in ihren Erinnerungen über ihr letztes Gespräch mit ihrem Mann geschrieben: Ich fragte ihn: »Glaubst du wirklich, daß man dich erschießen wird?«

Und da kam es noch einmal mit ganz fester Stimme: »Auf etwas kannst du dich felsenfest verlassen: Sie hängen mich nicht!« Und nach einer kleinen Pause noch einmal langsam Wort für Wort: »Sie hängen mich nicht!«

Der Augenblick des endgültigen Abschieds nahte. Hermann Göring wollte Frau und Kind einen letzten Gruß geben und hob die rechte Hand. Der Arm des Militärpolizisten wurde mit hochgezogen. Doch der Mann riß seinen Arm nach unten. Görings Bewegung fiel in sich zusammen.

»Er dachte«, erzählte Emmy Göring später, »daß mein Mann den deutschen Gruß ausbringen wollte... du großer Gott. Dabei wollte er mich nur berühren, mir die Hand geben, mich ein letztes Mal küssen.«

Emmy Göring: »Ich stand da, sah ihm lange nach und merkte mit einem Male, daß ich immer nur die Worte vor mich hinsprach: Ich liebe dich, ich liebe dich, ich liebe dich.« Der Posten brachte den an ihn gefesselten Göring in die Zelle zurück.

Später an diesem Tage wurde Göring von dem deutschen Gefängnisarzt Dr. Ludwig Pflücker besucht. Göring sagte ihm: »Ich sah meine Frau eben zum letzten Mal, lieber Doktor, nun bin ich gestorben. Es war eine sehr schwere Stunde, aber meine Frau wünschte es. Sie hat sich wunderbar gezeigt. Sie ist eine ganz große Frau, nur zum Schluß wollte sie durchsinken. Aber dann raffte sie sich wieder auf und war beim Abschied ganz gefaßt.«

Am gleichen Tag litt Göring unter schweren Herzrhythmusstörungen. Der Arzt gab ihm Beruhigungstabletten. Der Verurteilte dankte ihm und sagte: »Nun können sie mich umbringen, wie sie wollen. Ich freue mich, daß ich diese Stunde noch erleben durfte.«

Über die ärztlichen Bemühungen um seine Gesundheit sagte er aber auch: »Man will mich recht knusprig zur Schlachtbank führen.«

Und: »Ich möchte lieber als Löwe getötet werden denn als Kaninchen frei herumhüpfen.«

Am 12. Tag nach dem Urteil trug der amerikanische Psychologe Gilbert den Verurteilten heimlich die Mitteilung zu, daß die Gnadengesuche vom Alliierten Kontrollrat abgelehnt worden waren.

Die Alliierten setzten als Hinrichtungstermin fest: Mittwoch, 16. Oktober 1946, 1.00 Uhr morgens. Sie verfügten zugleich, daß die Todeskandidaten am Dienstag um 23.45 Uhr zu wecken seien. Zu diesem Zeitpunkt erst sollte ihnen auch verkündet werden, daß sie 75 Minuten später sterben mußten.

So brach für die Verurteilten das letzte Wochenende an, der 12. und 13. Oktober 1946. Am Montag, dem 14. Oktober, fuhren Lastwagen der US-Armee im Gefängnishof vor. Balken und Bretter wurden abgeladen und in die Turnhalle des Gefängnisses gebracht. In den Zellen der Verurteilten war zu hören, daß Holz gesägt und gehämmert wurde.

Der Gefangenenfriseur Wittkamp erzählte: »Unsere Elektriker mußten in der Turnhalle besonders große elektrische Birnen eindrehen. Die vom Fußballspielen zersplitterten Fensterscheiben wurden neu eingesetzt. Dann durften wir den kleinen Hofraum, der zur Turnhalle führte, nicht mehr betreten.«

Am Morgen des 15. Oktober sagte Göring zum Gefängnisfriseur Wittkamp: »Morgen werden Sie entlassen. Der Friseur ist nicht mehr nötig. Meinen Rasierapparat, den Sie die ganze Zeit für uns benutzt haben, und auch den Dachshaarpinsel schenke ich Ihnen. Da weiß ich wenigstens, wer sie hat. Ich brauche das doch nicht mehr. Ich würde Ihnen auch sehr gern meine Jagdpfeife schenken, aber das kann ich nicht. Wenn ich zum letzten Mal aus dieser Zelle gehe, dann mache ich sie kaputt und werfe sie durchs Fenster.«

Hermann Göring verbrachte fast den ganzen Tag in seiner Zelle, lag auf seiner Pritsche und las Theodor Fontanes Roman »Effi Briest«. Einmal unterbrach er die Lektüre, um einen Brief zu schreiben – offenbar jenen an seine Frau Emmy, der nach seinem Tod von den Alliierten beschlagnahmt und erst im Frühjahr letzten Jahres öffentlich bekannt wurde:

Mein einziges Herzlieb! Nach reiflichem Überlegen und innigem Gebet zu meinem Gott habe ich mich entschlossen, selbst in den Tod zu gehen und mich nicht auf diese Weise durch meine Feinde hinrichten zu lassen. Den Tod durch Erschießen hätte ich jederzeit auf mich genommen. Aber aufhängen kann sich der Reichsmarschall Deutschlands nicht lassen. Dazu kommt, daß der Todesakt wie ein Schauspiel mit Presse, Kino etc. (ich nehme an, für Wochenschau) vollzogen wird. Die Hauptsache ist die Sensation. Ich aber will still und ohne Öffentlichkeit sterben. Mein Leben war Schluß, als ich von Dir den letzten Abschied nahm. Seitdem erfüllt mich eine wunderbare Ruhe, und ich empfinde den Tod als letzte Erlösung. Ich nehme es als ein Zeichen von Gott, daß er mir das Mittel, das mich frei von allem Irdischen macht, durch all die Monate der Gefangenschaft belassen hat und daß es nicht gefunden wurde. Gott hat mir damit in seiner Güte das Letzte erspart. Alle meine Gedanken gelten Dir, Edda und den Liebsten! Die letzten Schläge meines Herzens schlagen unserer großen ewigen Liebe.

Dein Hermann

Am frühen Abend dieses Dienstags setzte sich der Psychologe Gilbert für einige Minuten in Görings Zelle. Er fand den Reichsmarschall »nervös, deprimiert« und vielleicht »noch verbitterter als gewöhnlich«.

Um 19.30 Uhr besuchte der evangelische Gefängnispfarrer Henry F. Gerecke, Hauptmann der US-Armee, den harrenden Hermann Göring. Am Vortage erst hatte er dem zum Tode Verurteilten das Abendmahl verweigert, weil Göring »die Göttlichkeit Christi leugnete« (Gerecke). Nun, am Abend vor dem Tod, sprach der Geistliche noch einmal mit dem Kriegsverbrecher. Gerecke: »Wieder beschwerte er sich über die Hinrichtungsmethode und bezeichnete sie als entehrend für sich wegen seiner ehemaligen Stellung und seines Ansehens beim deutschen Volk. Ich forderte ihn nochmals auf, sich vollständig mit Herz und Seele seinem Erlöser anzuvertrauen. Wieder sagte er, er sei Christ, könne aber die Lehren Christi nicht annehmen...«

Gerecke berichtete weiter: »Noch entmutigter war er, weil ich behauptete, er werde seine Tochter Edda nicht im Himmel wiedersehen, wenn er den Weg der Erlösung des Herrn ablehne.«

Der Pfarrer ging. In Görings Zelle erschien US-Leutnant John W. West. Er inspizierte Görings Kerker. Er durchsuchte Görings Sachen Stück für Stück, nahm das

Bettzeug ab, schüttelte es aus und drehte die Matratze um. Über den Gefangenen berichtete West später, er habe »einen sehr glücklichen Eindruck gemacht und viel geredet«.

Am gleichen Abend tauchte zwischen 19.00 und 22.00 Uhr bei Emmy Göring ein Mann in amerikanischer Uniform auf. Er erklärte der Frau: »Ich bringe Ihnen eine gute Nachricht. Hermann Göring ist begnadigt worden.«

»Ich war so selig«, erzählte Frau Göring, »daß ich ihm mein letztes Schmuckstück gab, meinen Rubin-Verlobungsring.« Sie war einem Betrüger aufgesessen.

Um 22.00 Uhr erschien Dr. Pflücker in Görings Zelle. Er wurde von dem US-Leutnant Arthur J. McLinden begleitet. Pflücker schrieb über diese Visite: »Göring bekam abends regelmäßig eine Kapsel mit Amycal und eine mit Seconal, zwei amerikanische Mittel, deren eines in einer blauen, das andere in einer roten Kapsel verabfolgt wurde. Das in roter Kapsel enthaltene Seconal wirkte schneller, aber nicht sehr lang. Das Amycal in blauer Kapsel wirkte langsamer, hielt aber länger an. Um Göring nicht in zu tiefen Schlaf zu versetzen, hatte ich nachmittags die blaue Kapsel entleert und mit Natriumbicarbonicum gefüllt.

Göring nahm sein Mittel und fragte dann, ob es einen Zweck habe, sich anzuziehen. Ich erwiderte, daß eine Nacht manchmal sehr kurz sei, daß ich ihm etwas Bestimmtes aber nicht sagen könnte.

›Es ist aber sicher etwas in Vorbereitung‹, sagte Göring. ›Man sieht allerhand fremde Menschen im Gang, und es brennen auch mehr Lampen als sonst.‹

Mit herzlichen Worten dankte er mir dann für meine Fürsorge. Mit einem Lächeln auf den Lippen und einem Händedruck verabschiedete er sich von mir.«

Dr. Pflücker und Leutnant McLinden verließen die Zelle. US-Soldat Gordon Bingham übernahm die Wache vor Görings Zelle. Er berichtete: »Ich blickte in die Zelle hinein. Göring sah mich an. Er hob sich ein wenig vom Bett, legte sich dann auf seinen Rücken, die Arme seitlich auf der Decke ausgestreckt. Er lag etwa 15 Minuten so da. Dann faltete er die Hände auf der Brust und wendete den Kopf ein wenig nach links.

Als ich wieder hineinblickte, sah er mich an, zeigte mit dem Zeigefinger der rechten Hand auf mich und legte dann die Hände seitwärts neben den Körper auf die Bettdecke. Er lag so 15 bis 20 Minuten. Dann faltete er die Hände auf der Brust und ließ sie einige Minuten so liegen.

Dann nahm er die Hände auseinander, legte sie zur Seite, nahm sie auf und legte die rechte Hand in die Nähe seiner Augen und unter seine Achselhöhle. Dann legte er die Arme zur Seite und lag etwa zehn Minuten still. Dann sah er zu mir herüber und wendete sich ab.«

Um 22.30 Uhr übernahm US-Soldat Harold F. Johnson vom 26. Infanterie-Regiment die Wache vor Görings Zelle. Er berichtete: »Als ich Bingham ablöste, lag Göring flach auf dem Rücken und hatte die Hände seitlich ausgestreckt auf der Decke liegen. Er blieb etwa fünf Minuten unbeweglich so liegen. Dann hob er die linke Hand, krümmte die Finger, als wollte er die Augen damit beschatten, ließ sie dann aber wieder seitlich auf die Decke zurückfallen. Bis etwa 22.40 Uhr lag er ganz still. Dann legte er die Hände auf die Brust, faltete sie und wendete den Kopf zur Wand.«

Johnson weiter: »Er lag etwa zwei bis drei Minuten so da und legte dann die Hände seitwärts auf die Decke zurück. Das war genau um 22.44 Uhr, denn ich sah auf meine Uhr, um mich über den Zeitpunkt zu vergewissern. Etwa zwei bis drei Minuten später schien er sich zu strecken. Er schnaufte durch die Lippen, als ersticke er.«

US-Soldat Johnson alarmierte den diensthabenden Unteroffizier. Der Unteroffizier lief ins Gefängnisbüro, Augenblicke später standen US-Leutnant Cromer und Pfarrer Gerecke in Görings Zelle.

Dr. Pflücker wurde gerufen. Historiker Werner Maser berichtet in seinem Buch »Nürnberg« über die folgenden Minuten: »Als der Arzt die Zelle betrat, vor der – neben dem üblichen Posten – bereits ein amerikanischer Offizier stand, lag Göring, auf die Ellenbogen gestützt, auf seinem Lager; neben ihm der eindringlich Bibeltexte flüsternde kniende Pfarrer. Dr. Pflücker fragte Göring mit lauter Stimme: ›Haben Sie einen Herzanfall?‹ Doch Göring antwortete nicht mehr.«

Dr. Pflücker schildert Görings Tod: »Sein Gesicht wird blau, er sinkt zurück. Noch ein kurzes Röcheln. Es ist aus. Ich schlage schnell die Decke zurück, um am Herzen zu horchen, da noch ein fadenförmiger Puls zu tasten ist. Doch die Herzschläge waren nicht mehr hörbar, die Pupillen zeigen keine Reaktion. Göring war tot.«

Damit war geschehen, was die Sieger des Zweiten Weltkrieges unter allen Umständen zu verhindern trachteten: Der von ihnen als Kriegsverbrecher Nummer 1 bezeichnete Mann war seinem Henker entronnen.

Hermann Göring hatte an Hitlers Stelle hängen sollen. Nun blieb das Strafgericht der Sieger unvollständig. Der zum Tode Verurteilte hatte sich selbst das Leben genommen. Wie hatte das geschehen können in einem von Wächtern wimmelnden Kerker, der einer Festung glich?

Die Antwort auf diese Frage wurde von den Siegern zum Staatsgeheimnis erklärt. Es überdauerte den toten Reichsmarschall um mehr als drei Jahrzehnte – bis heute.

Eine Stunde nach Görings Tod, kurz vor Mitternacht, am Dienstag, dem 15. Oktober 1946, bewegte sich eine Gruppe von fünf Männern mit hallenden Schritten durch das Erdgeschoß des Gefängnisses von Nürnberg. Voran schritt der Gefängniskommandant, US-Oberst Burton C. Andrus, auf dem Kopf einen aus Silber getriebenen Helm. Ihm folgten ein zweiter amerikanischer Offizier, ein Dolmetscher und zwei Deutsche: Bayerns Ministerpräsident Hoegner und Generalstaatsanwalt Leistner. Der Oberst und seine Begleiter waren gekommen, um zehn Machthabern des Dritten Reiches zu verkünden, daß sie in den nächsten Stunden am Galgen sterben würden. Alle zehn waren Erfüllungsgehilfen des Tyrannen Hitlers gewesen. Alle zehn waren mit ihm ausgezogen, die Welt zu unterwerfen. Alle zehn waren 17 Monate nach Ende des »tausendjährigen Reiches« von einem Tribunal der Sieger im größten politischen Prozeß der Weltgeschichte zum Tode durch den Strang verurteilt worden: Ihre Schuld überstieg, was einzelne mit ihrem Leben sühnen können.

Oberst Andrus und seine Begleiter gingen in dieser Nacht von Zelle zu Zelle. Der Oberst las jedem Verurteilten noch einmal den Text des Todesurteils vor. Der Dolmetscher übersetzte. Die Mehrzahl der Verurteilten hörte schweigend zu. Julius Streicher, ehemaliger Herausgeber des antisemitischen Hetzblattes »Der Stürmer«, brummte, daß er das Urteil kenne. Fritz Sauckel, der in den Nächten vor der Hinrichtung gejammert und um Gnade gewimmert hatte, sagte, er habe Achtung vor Amerikas Soldaten und Offizieren, jedoch nicht vor der amerikanischen Justiz. Dann wurde den Delinquenten die Henkersmahlzeit gereicht. Sie konnten wählen zwischen Pfannkuchen mit Kompott oder Würstchen mit Kartoffelsalat. Die meisten wiesen das letzte Gericht zurück.

Eine Stunde später, kurz vor 1.00 Uhr morgens, schritten wieder fünf Männer durch den Todestrakt von Nürnberg. Wieder marschierte der Mann mit dem Silberhelm, Oberst Burton C. Andrus, an der Spitze. Hinter ihm aber gingen diesmal der katholische Gefängnispfarrer Sixtus O'Connor und der evangelische Pfarrer Henry F. Gerekke, beide Angehörige der US-Armee. Den Schluß bildeten zwei amerikanische Soldaten. Vor der Zelle des ehemaligen Reichsaußenministers Joachim von Ribbentrop machte die Gruppe halt. Der Posten vor der Tür salutierte und riß den Riegel zurück. In der Zelle stand Joachim von Ribbentrop mit geschlossenen Augen. Er sagte: »Ich vertraue auf das Blut des Lammes, das der Welt Sünden trägt.«

Die Soldaten traten neben Ribbentrop und fesselten

ihn an sich. Dann setzte sich die Gruppe wieder in Bewegung. Voran der silberbehelmte Oberst Andrus, hinter ihm die beiden Geistlichen, dann die Wächter mit den Verurteilten. Sie verließen den Gefängnisgang, gingen über den Hof auf die Turnhalle zu. Die Tür der Turnhalle war von Doppelposten bewacht. Die Halle war strahlend hell erleuchtet. An ihrer Stirnseite waren Holzgerüste aufgebaut. Auf den Gerüsten standen nebeneinander drei Galgen.

Der deutsche Gefängnisarzt Dr. Ludwig Pflücker berichtete über die Technik des Hängens: »Der Delinquent tritt auf eine Falltür, die nach Anlegung des Stranges geöffnet wird. Der Delinquent fällt ein Stockwerk tief. Das untere Stockwerk des Galgens ist mit einem Tuch verhängt, so daß die Vorgänge verborgen bleiben. Zwei amerikanische Ärzte überwachen hier die Gehängten und stellen den Tod fest. Dabei muß erwähnt werden, daß der Tod beim Hängen nicht sofort eintritt, wohl aber Bewußtlosigkeit, ein Trost, den ich allen Delinquenten vorher geben konnte.«

14 auserwählte Zeugen der Hinrichtung beobachteten, wie Ribbentrop zur Tür hereinkam. Sie standen im Schatten der Lampen. Ein amerikanischer, ein russischer, ein englischer und ein französischer General sowie Ministerpräsident Hoegner und Generalstaatsanwalt Leistner. Die vier Siegermächte hatten zudem acht Journalisten – zwei aus jedem der Staaten – als Augenzeugen geladen.

Oben auf dem Gerüst warteten der Gehilfe des Henkers und der Henker selbst: John C. Woods, Master Sergeant der US-Armee. Woods hatte in den USA in 15 Jahren 347 Verurteilte durch den Strang hingerichtet. Am Fuße des Galgengerüstes lösten die Soldaten die Fesseln, mit denen Ribbentrop an sie gebunden worden war. Ribbentrop mußte seine Hände auf den Rücken legen. Dort wurden sie mit einem schwarzen Schuhriemen zusammengeschnürt. Der Verurteilte wurde aufgefordert, seinen Namen zu nennen. Durch die Halle tönte: »Joachim von Ribbentrop.« Die beiden Soldaten fesselten ihn an den Armen und führten ihn die 13 Stufen zum Galgen hinauf.

Als Ribbentrop oben angekommen war, wurde er auf englisch gefragt: »Haben Sie noch etwas zu sagen?« Der Dolmetscher übersetzte die Frage und die Antwort. Ribbentrop sagte: »Gott schütze Deutschland! Gott sei meiner Seele gnädig! Mein letzter Wunsch ist, daß Deutschland seine Einheit wiederfindet und daß zwischen Ost und West eine Verständigung erzielt wird.«

Pfarrer Gerecke flüsterte dem Außenminister geistlichen Trost zu und trat dann zurück. Der Gehilfe des Henkers beugte sich zu Ribbentrop nieder und band ihm die Beine zusammen. Henker Woods trat hinter Ribbentrop und zog ihm einen schwarzen Sack über den Kopf. Dann griff er nach dem Strick und legte ihn Ribbentrop um den Hals. Er dirigierte den Verurteilten an die richtige Stelle auf der Falltür. Pfarrer Gerecke betete noch einmal für Ribbentrops Seele. Nach dem letzten Wort des Pfarrers machte Henker Woods eine schnelle Bewegung und zog den Hebel für die Falltür. Die Tür öffnete sich, Ribbentrop stürzte hinab. Sein Tod trat erst zehn Minuten später ein.

Ribbentrops Herz schlug noch, da waren Oberst Andrus, die zwei Geistlichen und die zwei Soldaten schon wieder auf dem Weg zum Zellentrakt. Um 1.18 Uhr führten sie Generalfeldmarschall Wilhelm Keitel, Chef des Oberkommandos der Wehrmacht, in die Turnhalle. Er trug seine Uniformhose mit den breiten roten Generalsstreifen. Kein Historiker hat die Hinrichtungen präziser beschrieben als Hitlers »Testamentsvollstrecker« Werner Maser in seinem Buch »Nürnberg« über den Augenblick, wo Keitel als zweiter Verurteilter unter dem Galgen stand: »Ich rufe den Allmächtigen an«, sagte er unmittelbar vorher und fuhr fort: »Er möge sich des deutschen Volkes erbarmen. Über zwei Millionen deutsche Soldaten sind vor mir für ihr Vaterland in den Tod gegangen. Ich folge meinen Söhnen nach. Alles für Deutschland.« Daß nur einer seiner Söhne gefallen war, wußte er nicht. Der andere, Major Ernst Wilhelm Keitel, war schwer verwundet in russische Gefangenschaft geraten – und wurde erst 1955 aus der Gefangenschaft entlassen.

Dem Außenminister und dem Generalfeldmarschall folgten Reichssicherheitshauptamts-Chef Ernst Kaltenbrunner, Ostminister Alfred Rosenberg, Generalgouverneur Hans Frank, Reichsprotektor Wilhelm Frick, »Stürmer«-Herausgeber Julius Streicher, Arbeitsminister Fritz Sauckel, Generaloberst Alfred Jodl. Um 2.45 Uhr morgens an diesem Mittwoch, dem 16. Oktober 1946, starb der letzte der Gehenkten: Arthur Seyß-Inquart. »Die meisten versuchten, Mut zu zeigen«, berichtete der amerikanische Journalist Kingsbury Smith, einer der Augenzeugen: »Keiner brach zusammen.«

Der Henker John C. Woods schilderte die Nacht von Nürnberg vier Tage später der amerikanischen Öffentlichkeit in der US-Armee-Zeitung »Stars and Stripes«: »Ich habe diese zehn Nazis in Nürnberg gehängt, und ich bin stolz darauf, und ich habe die Sache gut gemacht. Alles klappte prima ... dennoch will ich eins über diese Nazis sagen. Sie starben wie tapfere Männer ... Über die Hinrichtungen selbst gibt es nicht viel zu erzählen. Sie liefen ab wie alle anderen Routine-Hinrichtungen. Zehn Leute in 103 Minuten. Das ist schnelle Arbeit. Nur einer von ihnen rührte sich nach dem Fall. Er stöhnte noch eine Weile, aber nicht lange. Ein anderer, ich glaube, es war Sauckel, fing auch an ›Heil Hitler‹ zu schreien, nachdem ich ihm die Kapuze über den Kopf gezogen hatte. Aber ich schnitt ihm das Wort ab – mit dem Strick. Ich benutzte für jeden Mann einen neuen Strick und eine neue Kapuze. Ich legte selber jedem die Schlinge um und hing jeden Strick selber auf, damit auch ja nichts schiefging. Strick und Kapuze wurden zusammen mit den Leichen verbrannt, damit nichts für die Andenkenjäger übrigblieb.«

Der Henker kam vier Jahre später gewaltsam ums Leben: Er starb, als er in Amerika einen elektrischen Stuhl überprüfte.

Die Leichen der Gehenkten von Nürnberg wurden in der Turnhalle auf Holzkisten gelegt. Einige der Toten waren im Gesicht verletzt. Sie bluteten. Zeugen der Hinrichtung erklärten, daß die Öffnungen der Falltüren unter den drei Galgen zu klein gewesen waren. Einige der Gehenkten schlugen, als sie in die Tiefe stürzten, mit dem Kopf auf den Rahmen der Falltür auf.

Um 3.09 Uhr, 24 Minuten, nachdem Seyß-Inquart durch die Falltür des Galgens gestürzt war, wurde der tote Hermann Göring auf einer Trage in die Turnhalle gebracht. Er wurde am Anfang der Reihe der Hingerichteten zu Füßen des Galgens auf eine Holzkiste gelegt. Die Leichen wurden entkleidet, Offiziere der vier Siegermächte nahmen sie in Augenschein und fertigten die Sterbeurkunden aus. Die nackten Toten wurden fotografiert. Alle (außer Göring) trugen um den Hals noch den Strick, an dem sie starben. Danach wurden die Leichen wieder bekleidet, noch einmal fotografiert, zusammen mit den Stricken in Überzüge gesteckt und in den Kisten eingesargt. Um 4.00 Uhr morgens fuhren zwei Lastwagen der US-Armee vor der Turnhalle vor. Die Särge wurden auf die Lastwagen gebracht und mit Zeltplanen bedeckt. Es regnete in Süddeutschland. Leichter Nebel hing über dem Land. Die Lastwagen fuhren los. Ihnen voraus rollte ein Militärfahrzeug, besetzt mit einem amerikanischen Zivilisten und einem Hauptmann der amerikanischen Armee, außerdem eine Limousine, in der ein französischer und ein amerikanischer General saßen. Die Lastwagen mit den Leichen folgten als dritter und vierter Wagen der Kolonne. Hinter den Lastwagen fuhr ein Jeep mit Wachsoldaten und einem aufgebockten Maschinengewehr. Vor dem Gefängnis hatten Journalisten gewartet. Sie versuchten, der Kolonne zu folgen, die zunächst die Stadt Erlangen anzusteuern schien. Die Posten auf dem Jeep hielten die Journalisten auf. Die Kolonne bog nach Süden ab. Viermal wurde die Wachmannschaft ausgewechselt.

Im Morgengrauen traf die Kolonne vor dem Krematorium des Ostfriedhofs in der Heilmannstraße in München ein. Das Krematorium war abgeriegelt worden. In der Nähe stationierte amerikanische Infanterie- und Panzertruppen waren in Alarmbereitschaft. Die elf Särge wurden abgeladen. Amerikanische, britische, französische und russische Offiziere, die bei der Hinrichtung zugegen gewesen waren, blickten in die Särge. Sie sollten feststellen, daß keine der Leichen während der Fahrt verschwunden oder ausgetauscht worden war. Dann wurden die Leichen eingeäschert. Die Asche der elf Toten wurde in einem einzigen Behälter gesammelt.

Am späten Vormittag des 16. Oktober 1946 schütteten amerikanische Soldaten etwa 75 Meter unterhalb des Hauses Nr. 25 der Heilmannstraße in München-Solln Leichenasche in den Conwentzbach, der zur Isar fließt. Major Rex Morgan, damals Chef-Bestatter der US-Armee, überwachte ihre Tätigkeit. Die Soldaten glaubten, es handele sich um die Asche tödlich verunglückter Kameraden. Der Name eines Toten war ihnen mit Georg Munger angegeben worden.

Georg Munger war der von den Alliierten gewählte Tarnname für die zur Einäscherung transportierte Leiche des Hermann Göring. Der Selbstmörder hatte in seiner Zelle, Tage vor dem Tod, eine Vermutung darüber angestellt, was mit seinen sterblichen Überresten geschehen würde: »Meine Gebeine kommen in einen Marmorsarg, und wenn es meine Knochen nicht mehr geben sollte, dann werden sie sonstwas dafür 'reinlegen, wie bei den Heiligen.«

Kapitel II
(Jugend bis 1933)

Der Mann, der in Nürnberg dem Henker entging, hatte einst bekannt: »Ich hatte schon als 12jähriger keine Angst vor dem Sterben.« Tatsächlich war das Leben dieses Deutschen von einem seltsamen Verhältnis zum Tode geprägt. Seine hervorstechende Eigenschaft war Tollkühnheit, und ihr ist es vermutlich zuzuschreiben, daß aus Hermann Göring eine geschichtliche Figur wurde. Als Knabe suchte er freiwillig die Lebensgefahr, als Jüngling suchte und fand er Erfüllung im Kriege. Als Mann genoß er die Macht eines Regimes, dessen Symbol ein Totenkopf, dessen Herrschaftsinstrument der Massenmord war.

Sein Wagemut, seine Bereitschaft, sein Leben wegzuwerfen, können das Ergebnis einer unglücklichen Kindheit sein. Hermann Görings Verhältnis zu seiner Mutter war gebrochen, sein Verhältnis zu seinem Vater von Verachtung geprägt.

Hermann Wilhelm Göring wurde am 12. Januar 1893 im Sanatorium von Marienbad geboren. Sein Vater Heinrich Ernst Göring, damals 45 Jahre alt, war der erste Reichskommissar des Kaisers Wilhelm II. für die neue

Kolonie des Reiches, Südwestafrika. Er hatte bereits eine Ehe hinter sich. Seine erste Frau Ida war 1879 gestorben. Sie hinterließ ihm fünf Kinder. Heinrich Göring hatte rasch wieder geheiratet – die 18 Jahre jüngere Bauerntochter Franziska Tiefenbrunner, dunkelblond, drall und lebenslustig. Auch in seiner zweiten Ehe waren Heinrich Göring fünf Kinder beschieden.

Das erste dieser fünf Kinder aus zweiter Ehe, Karl Göring, kam in Südwestafrika zu Welt, und seine Geburt führte die Familie Göring mit einem Mann zusammen, der stärkeren Einfluß auf Hermann Görings Leben nehmen sollte als irgend jemand sonst – außer Adolf Hitler. Dieser Mann war ein Halbjude, wie es später im Jargon des NS-Staates heißen sollte: Hermann von Epenstein. Er war Arzt, praktizierte in Südwestafrika und stand Franziska Göring bei ihrer ersten Entbindung zur Seite. Die Bauerntochter und der dunkelhaarige, untersetzte Arzt aus Berlin, dem vom Kaiser der Adelstitel eines Ritters verliehen worden war, fühlten sich zueinander hingezogen. Die Verbindung zwischen Epenstein und der Familie Göring riß nicht mehr ab.

Franziska Göring brachte in Afrika noch zwei Kinder zur Welt, die Mädchen Olga und Paula. Dann kehrte die Familie nach Berlin zurück. Heinrich Göring bereitete sich auf den nächsten Sprung in der preußischen Beamtenhierarchie vor – aber er wollte ihm nicht gelingen. Das Auswärtige Amt wies ihm die Stelle des deutschen Generalkonsuls in Haiti zu, nach der Position des Reichskommissars in Südwestafrika eher ein Abstieg. Gleichwohl machten sich Heinrich und Franziska Göring mitsamt ihren Kindern auf den Weg in die Karibische See. Und dort wurde Franziska Göring ein viertes Mal schwanger. Doch dieses Kind, entschieden Frau und Mann, sollte nicht wie die anderen in der Fremde, sondern in Deutschland zur Welt kommen.

Franziska Göring reiste mit dem Schiff nach Deutschland und quartierte sich im Marienbader Sanatorium bei Rosenheim ein. Am Morgen des 12. Januar 1893 gebar sie dort unter den Händen einer Hebamme ihren zweiten Sohn. Die Entbindung verlief gut und ohne jegliche Komplikation; das blonde Kind mit den blauen Augen war gesund. Franziska gab ihm den Namen Hermann Wilhelm.

Am Nachmittag des Tages der Geburt von Hermann Göring hielt vor dem Sanatorium ein Pferdeschlitten. Ein Mann stieg aus, in schwere, teure Pelze eingehüllt: Ritter Hermann von Epenstein. Er machte der nun 27 Jahre alten Wöchnerin seine Aufwartung – gegen den Protest der Hebamme. Am Tag darauf kam er wieder und las der astrologiegläubigen Franziska Göring das Horoskop für den unter dem Zeichen des Steinbocks geborenen Hermann vor. Was sie hörte, erfreute die Mutter: tatkräftig, klug, ausdauernd, selbstbeherrscht. Franziska Göring erzählte später: »Daß der Junge Hermann heißen sollte, schmeichelte Epenstein.« Der Ritter blieb noch einige Tage in der Nähe und erklärte sich bereit, die Patenschaft für Heinrichs und Franziskas viertes Kind zu übernehmen – eine Verpflichtung, an die er sich zeit seines Lebens hielt.

Wenige Tage nach der Abreise Epensteins verließ

Franziska Göring das Sanatorium und kehrte zu ihrem Mann nach Haiti zurück. Hermann Wilhelm Göring aber blieb in Deutschland. Die Mutter hatte das Kind in die Obhut einer mit Göring befreundeten Familie mit Namen Graf in Fürth gegeben. Hier verbrachte der Junge die ersten drei Jahre seines Lebens. Es waren, wie er bekannte, keine erfreulichen Jahre: »Das Grausamste, was einem Kind geschehen kann, ist die Trennung von der Mutter in den ersten Lebensjahren.« Die fremde Frau, die ihn aufzog, nannte er »Mutter«. Er war ein schwieriges Kind, weinerlich und jähzornig. Den beiden Töchtern der Familie Graf fiel es schwer, geschwisterliche Gefühle für den Bruder auf Zeit aufzubringen. Das Kind Hermann entbehrte in seinen ersten drei Lebensjahren Liebe und Zuwendung. Er war einsam. 1896 kehrten die Eltern mit den Kindern Karl, Olga und Paula nach Deutschland zurück. Den Vater blickte das Kind bei der Begrüßung auf dem Fürther Bahnhof nicht an; der Mutter versetzte der Dreijährige einen Faustschlag ins Gesicht, als sie ihn auf den Arm nehmen wollte.

Die nun vereinte Familie zog nach Berlin. Der 56 Jahre alte Heinrich Göring arbeitete noch einige Monate im Außenministerium, dann wurde er vorzeitig in den Ruhestand versetzt. Der Dienst in den Tropen hatte seine Gesundheit angegriffen, überdies gefiel seine liberale Haltung seinen Vorgesetzten im Ministerium nicht. Heinrich Göring geriet an die Flasche. Er hatte nun viel Zeit, und so trank er viel, bald zuviel. Schon nachmittags war er betrunken, stritt sich mit seiner Frau, war grob zu seinen Kindern. Der junge Hermann Göring fühlte sich zurückgestoßen – eine Mutter, die ihn allein gelassen hatte, vom Vater gleichgültig, wenn nicht unfreundlich behandelt. Der Druck, der auf der Familie lastete, wurde noch durch einen Umstand verstärkt, den der Vater nicht zu vertreten hatte: eine fühlbare finanzielle Enge.

Heinrich Göring bezog eine Beamtenpension in durchaus ansehnlicher Höhe, aber sie reichte nicht aus, um der Familie die Lebensführung zu ermöglichen, an die sie gewöhnt war: Das Essen wurde weniger üppig, die Kleidung weniger aufwendig, die Reisen kürzer. Vor allem Franziska Göring litt unter dem Wandel.

In dieser schwierigen Situation trat ein alter Bekannter näher an die Familie Göring heran: Hermann Ritter von Epenstein, Hermanns Patenonkel. Epenstein hatte seine Tätigkeit als Arzt inzwischen beendet und führte in Berlin das Leben eines durch und durch wohlhabenden Mannes. Er war stets elegant gekleidet, und seine Erlebnisse lieferten der Berliner Gesellschaft reichen Gesprächsstoff.

Irgendwann in diesen Berliner Jahren ist aus der Freundschaft zwischen Ritter Hermann von Epenstein und Franziska Göring ein Liebesverhältnis geworden. Bekannte der Familie Göring wunderten sich darüber, daß das fünfte Kind der Görings, Albert, nicht blaue Augen hatte wie seine vier Geschwister, sondern braune wie Ritter Epenstein. Der adlige, unverheiratete Arzt bat Franziska Göring zudem immer häufiger, die Rolle der Hausdame bei den Abendgesellschaften zu übernehmen, die er in Berlin gab.

Schließlich aber beschloß Epenstein, den größten Teil

seiner Zeit nicht mehr in seiner Berliner Wohnung, sondern auf seinen Schlössern zu verbringen: auf Schloß Mautersburg bei Salzburg und auf Schloß Veldenstein bei Nürnberg. Er bot der Familie Göring an, auf Schloß Veldenstein Wohnung zu nehmen. Heinrich Göring nahm an – ein Entschluß, der sein Leben, vor allem aber das seines Sohnes Hermann, entscheidend beeinflussen sollte.

Die sieben Mitglieder der Familie Göring – Heinrich, Franziska und ihre fünf Kinder – zogen auf die Burg Veldenstein. Dort entwickelte sich bald eine Ehe zu dritt. Epenstein ließ Franziska Göring ein Schlafzimmer zuweisen, das neben seinem lag. Heinrich Görings Zimmer hingegen lag in einem anderen Stockwerk. Er schwieg und trank.

Dem Sohn Hermann kann es nicht verborgen geblieben sein, daß zwischen seiner Mutter und seinem Patenonkel ein besonders herzliches Verhältnis bestand – ein herzlicheres jedenfalls als zwischen seiner Mutter und seinem Vater. Aber es fiel ihm nicht schwer, die Gefühle des Sohnes auf den Mann zu übertragen, der so oft an der Seite der Mutter war: Ritter Hermann von Epenstein war ein strenger Mann, der Disziplin verlangte, aber er war freundlich, hilfsbereit und nie ungerecht.

Überdies pflegte der Patenonkel auf Burg Veldenstein einen Lebensstil, der wahrscheinlich jeden Jungen beeindruckt hätte. In den Hallen und Gängen des Schlosses hatte Epenstein Ritterrüstungen aufstellen lassen. Zur Tischzeit erklang von den Zimmern des Schlosses ein schmetterndes Hornsignal. Epensteins Diener waren als mittelalterliche Knappen kostümiert. Sie standen Tag für Tag in höfischer Haltung rund um die riesige Tafel, auf der Epenstein für sich, Franziska Göring, Heinrich Göring und die Kinder servieren ließ. Epenstein pflegte die Mahlzeiten mit kundigen Ausführungen über die Blütezeit der Ritter zu begleiten – und verstärkte auf diese Weise die charakterlichen Anlagen seines Patenkindes Hermann: Der Junge spielte mit seinen Freunden selten etwas anderes als Krieg. Und zwar meist Sturm und Verteidigung der Burg Veldenstein. Und: Sein ungewöhnlicher Mangel an Angst verlieh ihm eine frühe Autorität. Als er einmal mit seinen Freunden in einem Ruderboot in gefährliche Nähe eines Wasserfalles trieb und die Kameraden von panischer Angst gepackt wurden, meinte Hermann Göring: »Wenn wir abstürzen, können wir es auch nicht ändern. Also warum regt ihr euch so auf?« Oder: In Österreich sah Göring, wie eine Lawine zu Tal stürzte. Während andere Augenzeugen entsetzt flüchteten, starrte Hermann Göring fasziniert auf das Vernichtung bringende Schauspiel.

Vier Jahrzehnte später erklärte der amerikanische Psychologe Gustave Gilbert, der Göring im Gefängnis von Nürnberg untersuchte, diesen Mut so: »Er hatte eine ungewöhnlich stark ausgeprägte Phantasie, und mit ihr lebte er in einer Traumwelt, in der sich die Grenzen zwischen Realität und Traum gefährlich verwischten. Gefahr hat er in diesem Zustand bewußt nicht wahrgenommen.« Hermann Göring selbst hatte eine andere Erklärung. Nachdem er als 13jähriger den Großglockner unter Lebensgefahr bezwungen hatte, meinte er: »Es lohnt sich, die Gefahr zu suchen, wenn man dabei auf den Gipfel kommt.« Später stieg er auch auf den Montblanc.

Epenstein ließ seinen Patensohn von einem Privatlehrer unterrichten und erziehen, der in Fürth lebte. Hermann mußte zu ihm ziehen – und war wieder einsam. Der Elfjährige kam 1904 in das Internat von Ansbach – der Privatlehrer sah sich außerstande, das Temperament seines Zöglings zu zügeln. Im Internat zerschnitt er die Saiten der Geige, mit der er üben mußte, er verschenkte seine Schulbücher an vorbeiziehende Zigeuner und fand sich nicht in die strenge Disziplin des Internats. Seine Zeit dort fand ein Ende, als der Deutschlehrer das Aufsatzthema stellte: »Der Mann, den ich am meisten bewundere.«

Die Mitschüler schrieben über Kaiser Wilhelm I., Kaiser Wilhelm II., über den König von Bayern oder über Robert Koch, den großen Mediziner. Hermann Göring schrieb über seinen Patenonkel, den Ritter Hermann von Epenstein. Der Junge wurde zum Rektor gerufen und von ihm belehrt, es sei an diesem Internat nicht üblich, Aufsätze zu schreiben, in dem Juden verherrlicht würden. Da mochte Hermann Göring nicht länger bleiben. Er zerschmetterte seine Geige und fuhr heim auf die Burg Veldenstein zum Onkel Hermann von Epenstein. Da stand er, mit verworrenen Haaren, zerschlissen, hungrig und mit trotzigem Blick. Sein Vater schimpfte, seine Mutter nahm ihn in die Arme. Epenstein war gerührt.

Er setzte seine Beziehungen ein, und Hermann Göring wurde im gleichen Jahr, 1904, in die Kadettenanstalt von

Karlsruhe aufgenommen. Dort, meinte Epenstein, würde man den mutigen und ungezügelten Jungen bändigen. In Karlsruhe bestand der Unterricht hauptsächlich aus militärischem Drill; Schulbücher waren von zweitrangiger Bedeutung. Göring fühlte sich hier wohl; sein Betragen gab nie zu Klagen Anlaß. Im Alter von 16 Jahren, 1909, verließ er die Kadettenanstalt. In das Abschlußzeugnis schrieb die Anstaltsleitung: »Göring war ein vorbildlicher Schüler. Er hat Eigenschaften entwickelt, mit denen er es zu etwas bringen wird. Er scheut sich nicht, ein Risiko einzugehen.«

Hermann hatte seinen Weg gefunden – die militärische Karriere – und ein Ziel vor Augen, wenn auch noch jugendlich verschwärmt. So schrieb er seiner Schwester Olga nach Burg Veldenstein, er wolle »ein moderner Siegfried« werden, und er fühle sich als »Erbe aller Tugenden des deutschen Rittertums«. Das gute Zeugnis aus Karlsruhe und die Beziehungen seines Gönners Epenstein brachten Göring einen Schritt weiter: Der 16jährige wurde in die Kadettenanstalt Berlin-Lichterfelde aufgenommen, damals eine der besten Ausbildungsstätten für die künftigen Offiziere der preußischen Armee. Der Kadett Hermann Göring absolvierte die Ausbildung mit Glanz. Mit 19 Jahren wurde er Leutnant des Kaisers im Regiment Prinz Wilhelm und in Mülhausen im Elsaß stationiert.

Dort erreichten den jungen Offizier schlechte Nachrichten von der Familie. Patenonkel Hermann von Epenstein, mittlerweile 61 Jahre alt, hatte sich in eine 20jährige verliebt. Er holte die neue Gespielin auf seine Burg

Veldenstein. Die 46jährige Franziska hatte keinen Platz mehr in Epensteins Bett und bald auch nicht mehr auf dem Schloß. Die Familie Göring siedelte nach München in eine Mietwohnung über. Wenig später starb dort Heinrich Göring, 61 Jahre alt.

Sein Sohn Hermann aber unterhielt weiterhin gute Beziehungen zu Hermann von Epenstein. Der Ritter schenkte seinem Patensohn 2000 Mark für besondere Ausgaben: Am 1. August 1914 waren die Feindseligkeiten ausgebrochen, die sich später zum Ersten Weltkrieg entwickeln sollten, und Hermann Göring war von der ersten Stunde an dabei.

Doch ehe die erste große Schlacht geschlagen war, schien der Krieg für Hermann Göring schon beendet: Der 21jährige Leutnant erkrankte an Rheumatismus. Göring kam ins Lazarett nach Freiburg im Breisgau. In Freiburg aber begegnete Hermann Göring seinem Schicksal: In dieser Stadt befand sich die Ausbildungsstätte einer Waffengattung, die in diesem Krieg zum ersten Mal eingesetzt werden sollte: die Fliegerschule der Kaiserlichen Luftwaffe. Göring wurde von den Flugzeugen und Piloten auf seltsame Weise angezogen. In ihren Kämpfen schien das alte ritterliche Gefecht von Mann gegen Mann wiedergeboren zu werden – jeder Kämpfer war mit der gleichen Waffe ausgestattet. Geschicklichkeit, List und Mut entschieden über Tod oder Leben und nicht, wie im Schützengraben, der blinde Zufall des Granateneinschlags. Der rheumatisch erkrankte Infanterist Hermann Göring beschloß, Flieger zu werden, obwohl er nie in einem Flugzeug gesessen hatte.

Die für den Wechsel auf die Fliegerschule notwendigen Papiere verschaffte sich Göring nach seiner Genesung durch Freunde in einer Freiburger Kaserne. Und die ebenfalls für den Wechsel notwendige Unterschrift seines Kommandeurs bei der Infanterie fälschte er. Doch seine Einheit beharrte auf der Rückkehr. Sie forderte ihn auf, sich sofort beim Regiment zu melden. Der Entschluß Görings hätte strenge Bestrafung zur Folge haben können, denn er hatte sich eines der schwersten Verbrechen eines Offiziers im Krieg schuldig gemacht – des unerlaubten Entfernens von der Truppe. Das Kriegsgericht drohte. Doch wieder einmal half Epenstein seinem Patensohn. Der Arzt Epenstein schrieb dem Leutnant ein Attest, das ihm die Unfähigkeit zum harten Infanterie-Dienst bescheinigte. Überdies mobilisierte der Ritter seine Beziehungen zum Kaiserhaus.

Görings Versetzung zu den Fliegern wurde genehmigt. Zwar wurde er zu 21 Tagen Stubenarrest wegen des unerlaubten Verlassens der Truppe verurteilt, doch die Strafe mußte Göring nicht verbüßen. Er knatterte schon in einem Doppeldecker über Freiburg. Göring lernte schnell. Bereits im Frühjahr 1915 konnte er, wenngleich auch nur als zweiter Mann, in einer Maschine vom Typ Albatros seine ersten Einsätze als Beobachter fliegen. Über diese Flüge erzählte Göring: Mit den Beinen habe er sich in der Maschine festgeklemmt, während er, die Kamera in Händen, aus dem Cockpit hing und die feindlichen Linien fotografierte. Manchmal, so übertrieb Göring lächelnd, habe er sich »praktisch nur mit den Zehen« festgehalten.

Nach dem Fotografieren legte er die Kamera weg, griff zum Maschinengewehr und feuerte auf den Feind. Als Göring fliegen lernte, waren die Waffen noch im Cockpit installiert. Dann aber revolutionierten Franzosen und Deutsche nahezu gleichzeitig den Luftkrieg. Das Maschinengewehr war fest eingebaut und mußte nicht mehr gehalten werden. Die Geschoßbahnen liefen durch die Lücke, die von den Propellerflügeln bei ihrer Umdrehung jeweils freigegeben wurde. Feuergeschwindigkeit und Motorlauf waren exakt aufeinander abgestimmt – eine für den damaligen Stand der Technologie sensationelle Entwicklung. Einer der Piloten, die bald mit festinstalliertem Maschinengewehr flogen, war Hermann Göring.

Görings Laufbahn als Jagdflieger begann im Oktober 1915. Er wurde zur Jagdstaffel 5 an die Westfront versetzt. Nach drei Wochen hatte er seine erste Feindberührung: Einige hundert Meter unter sich sah er aus einer Wolke einen schweren britischen Bomber vom Typ Handley-Page auftauchen. Göring flog auf diese Maschine zu und ahnte dabei nicht, daß sie stets von einer Jagdstaffel eskortiert wurde. Aus der Pilotenkanzel und aus dem Heck der Handley-Page wurde auf Göring gefeuert. Göring schoß zurück. Er sah, wie der Heckenschütze im Hagel der Kugeln zusammenbrach.

Göring hatte die sich nähernde Eskorte aus Sopwith-Jägern nicht bemerkt. Plötzlich waren sie da, feuerten aus allen Rohren, durchlöcherten eine Tragfläche der deutschen Maschine, dann ihren Tank. Göring: »Ich spürte, wie ein Geschoß in meinen Körper schlug. Instinktiv suchte ich Deckung in einer Wolke.« Nahezu .bewußtlos, verlor er die Gewalt über das Flugzeug. Die Kugel war von einer unter ihm fliegenden Maschine abgefeuert worden. Sie hatte den hölzernen Pilotensitz durchschlagen und war, zersplittertes Holz mit sich reißend, in Görings Hüfte eingedrungen.

Mit letzter Kraft steuerte der schwerverwundete Pilot auf die deutschen Stellungen zu. Auf dem ersten Flugplatz hinter der Front landete er. Die Maschine ging dabei zu Bruch. Blutend und der Ohnmacht nahe, kauerte Göring in den Trümmern des Flugzeugs. Doch: Er war auf einem Truppenverbandsplatz gelandet. Er wurde – und das rettete vermutlich sein Leben – von Ärzten aus der Kanzel gezogen, die sich zufällig in unmittelbarer Nähe der niedergehenden Maschine aufgehalten hatten. Neben dem Flugzeug liegend, erhielt Göring die erste ärztliche Versorgung. 30 Minuten später wurde er operiert. So endete des Jagdfliegers erste Berührung mit dem Feind. Göring kam in ein Lazarett. Dort wurde er viele Monate lang behandelt. Erst im Sommer 1916 konnte Göring das Lazarett verlassen. Er reiste zu seinem Patenonkel Epenstein nach Schloß Mautersberg, wo er sich erholte.

Am 3. November 1916 kehrte Göring an die Front zurück, zur Jagdstaffel 26. Bereits vier Stunden nach seinem Eintreffen saß er am Steuerknüppel, startete und flog gegen den Feind – mutig, hartnäckig, ein Pilot, der seine Maschine stets an die Grenze ihrer Leistungsfähigkeit brachte. Schon nach wenigen Monaten hatte Göring 15 Maschinen abgeschossen. Er wurde nach Berlin gerufen, wo er aus der Hand des Kaisers die höchste militärische

Auszeichnung empfing, den Orden Pour le mérite, der vorher nur so erfolgreichen Jagdfliegern wie Manfred von Richthofen, Ernst Udet und Oswald Boelcke verliehen worden war.

Göring war nun das geworden, wovon er geträumt hatte, als er im kindlichen Spiel die Burg Veldenstein eroberte: ein Held, umjubelt, umschwärmt; ein Mann, über den die Zeitungen schrieben, über dessen Einsätze und Abschüsse sie fortan genauestens Buch führten. Im Reich des Kaisers wurde der Name des Jagdfliegers genannt.

Der Krieg in der Luft war im Laufe der Jahre so hart und unerbittlich geworden wie der Krieg auf dem Boden — gleichwohl hielt Hermann Göring die Ideale hoch, die sein Patenonkel ihn gelehrt hatte: Ritterlichkeit und Fairneß. Der Däne Krause-Jensen, der als Hauptmann während des Ersten Weltkrieges für die französische Luftwaffe flog, berichtete: »Ich war eines Tages allein auf weiter Flur mit meiner Maschine und hatte einige Aufnahmen gemacht, als ich in der Ferne ein von der französischen Front zurückkehrendes deutsches Flugzeug ausmachen konnte... Auch mein Gegner hatte mich bemerkt und hielt auf mich zu... Jeder große Flieger hatte seine besondere Taktik. So aber zu fliegen gelang nur Göring... Ich weiß nicht, wie lange wir uns umkreisten und uns vor dem Fadenkreuz beschossen haben. Leinenfetzen an den Tragflächen zeigten auf viele Treffer bei mir hin. Aber doch fehlte der endgültige Treffer. Mitten in einer für mich guten Situation versagte mein MG. Ich schlug mit der Faust gegen die glühendheiße Waffe, vergebens. Ich riß am Ladestreifen, vergebens. Aus! Das war mein einziger Gedanke. Mein Gegner war wohl ebenfalls verblüfft, plötzlich nicht mehr beschossen zu werden. Er umkreiste mich, bemerkte mein Hämmern am MG und begriff auch meine Kampfunfähigkeit. Dann plötzlich, und das war der größte Augenblick meines Fliegerlebens, flog er dicht an mir vorbei, legte die Hand grüßend an die Kappe und drehte ab zu der deutschen Linie.«

Im Sommer 1917 übernahm Göring das Kommando über die Jagdstaffel 27, stationiert in Ysegem an der Flandernfront. Hier bewies er neue Fähigkeiten: Er zeigte überdurchschnittliche Führungsqualitäten. Von seinen Piloten forderte er zwar strenge Disziplin, war hart und kühl. Nach den Einsätzen aber war er charmant, trinkfest und humorvoll. Am 23. April 1918 erhielt die Staffel die Nachricht vom Tode des Rittmeisters Manfred von Richthofen, der zwei Tage vorher nach einem Luftgefecht gefallen war. 80 gegnerische Flugzeuge hatte der »Rote Baron« mit seiner rotlackierten Maschine abgeschossen – ein Luftheld, wie es keinen anderen gab.

Zu seinem Nachfolger als Kommandeur des Jagdgeschwaders 1 hatte Richthofen in seinem Testament den Hauptmann Wilhelm Reinhard vorgeschlagen. Aber nicht Reinhard, sondern Göring trat an die Stelle Richthofens: Am 3. Juli 1918 testeten Göring und Reinhard in Berlin-Adlerhorst die neue Fokker D-8, einen Eindecker, und einen neuen Doppeldecker von Dr. Claudius Dornier. Göring startete die Dornier, hob ab, gewann Höhe, stellte die Maschine auf den Kopf, fing sie ab, brachte sie in extreme Schräglage und landete. Reinhard wollte sich selbst von den Qualitäten der neuen Maschine überzeugen. Göring beobachtete, wie der Hauptmann die Dornier nach oben brachte. Sie war auf eine Höhe von 3 000 Metern gestiegen, als die Zuschauer am Boden vor Entsetzen erstarrten: Von der Maschine löste sich eine Tragfläche. Wie ein Stein stürzte das Flugzeug, in dem eine Viertelstunde zuvor noch Hermann Göring geflogen war, zu Boden. Reinhard war tot. Mit Befehl Nummer 178654 vom 8. Juli 1918 ernannte die Leitung der Luftstreitkräfte Hermann Wilhelm Göring zum Kommandeur des nun in »Geschwader Richthofen« umbenannten Geschwaders 1.

Am 14. Juli 1918 traf Göring, der bis dahin 21 Flugzeuge abgeschossen hatte, in Beugneur bei seinem Geschwader ein. Geschwader-Adjutant Karl Bodenschatz, im Zweiten Weltkrieg General und heute Rentner in Erlangen, erinnert sich an die Ankunft des neuen Kommandeurs: »Der Mann war richtig. Er war eine Persönlichkeit. Er war der beste Typ des jungen, aktiven Offiziers. In den ruhigen, regelmäßigen Zügen seines Gesichts wohnten Kaltblütigkeit und Energie. Seine Augen blickten klar, zupackend und gelassen, und wenn Gesicht und Augen sich lockerten, entdeckte man den unbestechlichen, gesunden Menschenverstand, der dahinter funkelte. Der Mann war hart, das sah man aus seinen Bewegungen, und das hörte man aus seinen Worten, und das atmete aus seinem ganzen Wesen. Mit einem einzigen kurzen Handgriff hatte er das Geschwader in der Hand.« Und abschließend schwärmt Bodenschatz: »Die Sprache des Oberleutnants Göring, so knapp sie ist, hat eine intensive Leuchtkraft.«

Am 18. Juli schoß der neue Kommandeur seinen 22. – und bis zum Ende des Krieges auch seinen letzten – Gegner ab. Lapidar schrieb er nach dem Einsatz in das Geschwadertagebuch: »Ich griff um 8.15 Uhr vormittags einige Spads an. Ich drückte einen Spad herunter und schoß ihn nach Kurvenkampf ab. Er fiel in die Waldschlucht bei Bandry.«

Doch die deutschen Luftsiege wurden seltener; das Ende war nahe. Im Juli klagte Göring in einem Bericht an die Luftwaffenleitung: »Der Gegner ist zahlenmäßig weit überlegen.« Und: »Der Mangel direkter Telefonverbindungen zwischen Geschwader und Jagdgruppe macht den einheitlichen Einsatz sehr schwierig.« Dennoch feierte Göring am 25. Juli den 500. Luftsieg des Geschwaders.

Am 13. August 1918 wurde in das Tagebuch geschrieben: »Wegen großer Verluste der letzten Tage Zusammenfassen des Geschwaders zu einer Staffel. Zusammenarbeit mit Jagdgeschwader 3 und Jagdgruppe Greim.« Am 27. August war der Ausfall an Maschinen so stark, daß das Geschwader gerade noch die Stärke einer Staffel hatte. Trotzdem notierte Bodenschatz: »Göring hat seine Aufgabe mit seiner unerhörten Energie, seinem Temperament und seiner ganzen suggestiven Persönlichkeit glänzend gelöst.« Die Lage wurde immer bedrohlicher, der Einsatz immer gefährlicher. Bodenschatz am 3. November: »Wenn die Maschinen des Jagdgeschwaders Richthofen landen, geben sich die Piloten kaum mehr damit ab, die Schußlöcher in den Tragflächen sich anzusehen. Sie kommen aus jedem Luftgefecht zurück mit erheblicher Verwunderung darüber, daß sie überhaupt zurückgekommen sind.«

Eine Woche später war die Jagd an Flanderns Himmel endgültig beendet. Der Kaiser dankte ab, der Krieg war aus. Am 11. November machte der Kommandeur Hermann Göring den letzten Eintrag in das Geschwadertagebuch: »Das Geschwader hat seit seiner Begründung 644 Luftsiege errungen. Die Verluste betrugen 56 Offiziere und Flugzeugführer.«

Göring erhielt den Befehl, die Maschinen des Geschwaders nach Darmstadt bringen zu lassen. Dort landeten sie am 12. November, mußten jedoch einen Tag später nach Straßburg geflogen werden, wo sie den Franzosen übergeben wurden. Göring und seine Piloten setzten die Maschinen in Straßburg aber so hart auf, daß »die Franzosen keine Freude mehr an ihnen hatten« (Bodenschatz).

Noch einmal trafen sich die Offiziere des Geschwaders: Am 19. November feierten sie im Stiftskeller von Aschaffenburg den Abschied. Göring hielt eine letzte Rede, von der Bodenschatz heute sagt: »In einem Augenblick, in dem Deutschland seinen großen Kampf aufgegeben hat, ruft dieser Mann zu einem neuen Kampf auf. Zum Kampf um die innere Gestaltung der deutschen Seele.« Nach seiner Rede hob Göring sein Weinglas, schleuderte es gegen die Wand – und ging. Später schrieb er über diesen Augenblick des Schmerzes über Niederlage und Abschied: »In Aschaffenburg entließ ich blutenden Herzens die Offiziere meines Geschwaders, der stolzesten und siegreichsten Truppe, die es jemals bei allen Völkern und zu allen Zeiten gegeben hat! Selbst die Heldentaten eines Nibelungenliedes verblassen gegenüber dieser Symphonie von Heroismus, Leidenschaft, Mut und Todesverachtung. In furchtbaren Stahlgewittern stieg das Geschwader siegreich zur Sonne, Tod und Vernichtung bringend, wo es auf den Feind stieß.« In einem Eisenbahnwaggon dritter Klasse fuhr Hermann Göring zu seiner Mutter nach München. Er trug Zivil: »Ich war nie wieder so bedrückt wie damals.«

Dreimal entschied sich in den Jahren zwischen Kriegsende 1918 und Machtergreifung 1933 Hermann Görings Schicksal im November. An einem Novemberabend lernte er seine spätere Frau kennen. An einem Novembermorgen fand seine erste Begegnung mit Adolf Hitler statt. Und an einem Novembermittag wurde Hermann Göring so schwer verwundet, daß er bis zu seinem Tode an dieser Verletzung und ihren Folgen litt.

In den ersten Monaten nach dem Ende des Krieges war der Oberleutnant Hermann Göring – wie Hunderttausende anderer Offiziere der deutschen Armee auch – ohne Arbeit. Er fand sie als Pilot. Der Holländer Anthony Fokker, dessen Flugzeuge die deutsche Luftwaffe während des Krieges geflogen hatte, baute nun für den Frieden: ein Verkehrsflugzeug, die Fokker F-7. Nun suchte er einen Piloten, der die Maschine vorführte. Seine Wahl fiel auf den Pour-le-mérite-Träger Hermann Göring. Göring flog die Maschine auf einer Luftfahrtschau in Dänemark und reiste als Kunstflieger durch Skandinavien. Die Leute kamen, um den »ehemaligen Kommandeur des fliegenden Zirkus von Richthofen« am Himmel zu sehen. Göring verdiente gut und hatte, wie er erzählte, »jedes Mädchen, das mir gefiel«. Dann verdingte er sich als Pilot eines Lufttaxis bei einem schwedischen Unternehmen.

An einem Herbstabend des Jahres 1920 stapften zwei Männer über das Gras des holprigen Flugplatzes der schwedischen Hauptstadt Stockholm: Hermann Göring und der schwedische Graf Eric von Rosen. Rosen wollte auf schnellstem Weg zu seinem Schloß Rockelstad in Mittelschweden gelangen.

Schneetreiben hatte eingesetzt. Das kleine Flugzeug sackte durch und wurde wieder emporgetragen. Göring steuerte im Instrumentenflug sein Ziel an und verfehlte es zunächst. Plötzlich schimmerten im Dunkel der schwedischen Nacht Dutzende von hellerleuchteten Fenstern: Schloß Rockelstad am Bavensee bei Sparreholm. Göring landete auf dem dicken Eis des Sees. Der Pilot wurde eingeladen, die Nacht im Schloß zu verbringen.

Wenig später stand Göring in der Halle des Schlosses vor dem lodernden Kaminfeuer. Das brennende Holz lag auf eisernen Stangen, die mit geschmiedeten Hakenkreuzen verziert waren. Er drehte sich nach einem Geräusch um: Eine Frau kam die Treppe herab. Die Frau war ungewöhnlich groß. Sie trug ein langes Kleid. Ihre Haare waren braun, ihre Augen tiefblau: Frau Carin von Kantzow, geborene von Fock. Sie war verheiratet mit dem schwedischen Berufsoffizier Nils von Kantzow und Mutter seines damals acht Jahre alten Sohnes Thomas. Carin von Kantzow war 32 Jahre alt – fünf Jahre älter als Hermann Göring.

Zu viert saß man an diesem Abend am Kamin. Man trank Wein und sang zu vorgerückter Stunde deutsche Volkslieder. Göring, blond, blauäugig und gutaussehend, war charmant und geistreich. Seine Aufmerksamkeit galt vor allem Carin, die den deutschen Kriegshelden, dessen Ruf bis in die Wälder Mittelschwedens gedrungen war, unwiderstehlich fand. Am nächsten Morgen schon gestand sie ihrer Schwester Mary: »Das ist der Mann, von dem ich geträumt habe.«

Göring und Carin von Kantzow gaben sich bald keine Mühe mehr, ihre heftige Zuneigung füreinander zu verbergen. Nils von Kantzow nahm die Gefühle seiner Frau für den Deutschen zunächst nicht ernst. Als Carin ihm sagte, sie wolle Göring heiraten, warnte der bedächtige Mann vor der mit Sicherheit folgenden Abkühlung der Beziehung. Doch Carin schrieb in einem Brief an ihre Schwester: »Wir sind wie Tristan und Isolde. Wir haben den Liebestrank gekostet, und wir sind ekstatisch unter seiner Wirkung.«

Im Frühjahr des Jahres 1921 verließ Carin das eheliche Haus und bezog mit Göring eine kleine Wohnung in Stockholm. Der verlassene Ehemann gewährte seiner Frau eine finanzielle Unterstützung, von der sie und auch Hermann Göring leben konnten. Der Pilot arbeitete nicht mehr. Er widmete sich seiner großen Liebe. Regelmäßig wurde das Paar von Carins Sohn Thomas besucht, der ebenso regelmäßig Lebensmittel mitbrachte – ein Geschenk seines großzügigen Vaters.

Es zeigte sich, daß sich Carins Ehemann und ihre Familie getäuscht hatten: Die Liebe kühlte nicht ab, sie war von Bestand. 1921 beschlossen Göring und Carin, nach München zu ziehen, wo Görings Mutter Franziska ihrem Sohn einen Platz an der Universität beschafft hatte. Hermann Göring, der nun, mit 28, kein junger Mann mehr war, wollte sich durch das Studium der Geschichte und der politischen Wissenschaften den Weg in eine gesicherte Existenz erschließen.

Hermann und Carin zogen zunächst zu Franziska Göring. Die 55 Jahre alte Frau, die allein lebte, nahm die Geliebte ihres Sohnes herzlich auf. Wenig später willigte Nils von Kantzow in die Scheidung ein. Noch einmal reiste Carin nach Stockholm, um die endgültige Trennung der Ehe hinter sich zu bringen. Am 3. Februar 1922 heiratete Hermann Göring die schöne Schwedin. Sie trug ein weißes Kleid und im Haar einen Kranz aus weißen Rosen. Göring hatte sich ein Edelweiß ins Knopfloch gesteckt. Von dem Geld, das ihr erster Mann Frau Göring zum Abschied geschenkt hatte, kaufte Hermann Göring eine kleine bürgerliche Villa im Stadtteil Obermenzing. Das Haus lag in der Nähe des Nymphenburger Schlosses. Göring richtete das Erdgeschoß mit schweren, klobigen altdeutschen Möbeln ein. Im ersten Stock stand Carins spätviktorianisches Mobiliar. Das Prunkstück des Hauses war eine kleine weiße Orgel, auf der Carin abends Opernmelodien und deutsche Volkslieder spielte. Göring sang dazu mit einer Stimme, die er als Bariton ausgab.

An einem Sonntag im November 1922, der Himmel war verhangen und es regnete leicht, verließen Göring und seine Frau das Haus. Ihr Ziel war der Königsplatz in der Münchner Innenstadt, wo eine politische Versammlung stattfand. Göring berichtete später: »Ich ging lediglich als Zuschauer hin. Sprecher verschiedener Parteien und Organisationen traten auf. Gegen Ende wurde auch nach Hitler gerufen. Ich hatte seinen Namen schon einmal gehört und wollte wissen, was er zu sagen hatte.« Hitler sagte wenig. Sein einziger Satz bei dieser Versammlung: »Es ist sinnlos, Proteste in die Welt hinauszuschreien, ohne die Möglichkeit zu haben, ihnen mit Machtmitteln Nachdruck zu verleihen.« Göring war beeindruckt.

Schon in der folgenden Woche besuchte er eine Versammlung von Hitlers »National-Sozialistischer Deutscher Arbeiter-Partei«. Hitler redete – er sagte das, was er noch unzählige Male sagen sollte: Weg mit den Juden, weg mit der Schande des Friedensvertrages von Versailles. Es gefiel Hermann Göring.

Wieder eine Woche später ging er in die NSDAP-Parteizentrale. Hitler begrüßte den Kriegshelden sofort und behandelte ihn mit ausgesuchter Liebenswürdigkeit. Doch Göring war nicht gekommen, um Mitglied der Partei zu werden. Er wollte lediglich »Unterstützung anbieten«. Aber es kam anders. Etwa eine Stunde sprach Adolf Hitler – von seinen Plänen, von Deutschlands Zukunft und von den Männern, die nach seiner Ansicht das kranke Reich brauchte. Göring war überwältigt. Er stand auf und sagte mit fester Stimme: »Ich selbst und alles, was ich bin und besitze, stehen Ihnen vorbehaltlos zur Verfügung.« Er hatte sich in dieser Stunde entschieden, an Hitlers Seite zu treten. Er wurde Mitglied der NSDAP.

Wie Hitler offenbar der Mann war, nach dem Göring gesucht hatte, so war Göring der Mann, auf den Hitler gewartet hatte. Der Gefreite des Weltkrieges schätzte den propagandistischen Wert des Kriegshelden und Pour-le-mérite-Trägers für die erst 150 000 Mitglieder zählende NSDAP besonders hoch ein. Und Göring fühlte sich plötzlich wieder am richtigen Platz. Auf ihn wartete Kampf. Vom Studium war fortan nie mehr die Rede.

Hitler übertrug Göring die Verantwortung für die 11 000 Mann starke Sturmabteilung, die SA. Dieser Privatarmee fehlten Disziplin und Schlagkraft – Eigenschaften, die sie jedoch schnell entwickelte, nachdem Göring das Kommando übernommen und die Truppe mit militärischem Drill ausgebildet hatte. Am 15. April 1923 marschierte die Sturmabteilung durch München. Ein aus Berlin angereister Regierungsbeamter vermerkte in seinem Bericht: »Hervorzuheben ist die straffe militärische Disziplin der Leute.« Göring war von der Entscheidung Hitlers, ihm das SA-Kommando anzuvertrauen, tief bewegt. Er sagte zu Hitler: »Ich werde zu Ihnen halten bis in den Tod.«

Das Haus der Görings wurde in diesen Monaten zu einem politischen Treffpunkt. Neben Hitler kamen Rudolf Heß und Alfred Rosenberg, Ernst Röhm und General Erich Ludendorff, einer der großen Heerführer aus dem Ersten Weltkrieg. Carin Göring, in der Hitler eine seiner glühendsten Verehrerinnen gefunden hatte, schrieb an ihre Schwester Mary: »Hier treffen sich die Nationalgesinnten, die sich zu Hitler und seiner Freiheitsbewegung gestellt haben. Spät abends kommt der Führer selbst.

Nach den ernsten Unterhaltungen kommen dann heitere, fröhliche Stunden.«

So unbeschwert wie in jenen Wochen sollte das Leben des Ehepaars Göring nie wieder sein. Carin Göring wurde krank – Folge einer verschleppten Erkältung, die sie sich bei der Beerdigung von Görings Mutter Franziska zugezogen hatte, die in den letzten Augusttagen des Jahres 1923 gestorben war. Carins Erkältung weitete sich zu einer langwierigen Lungenentzündung aus, von der sie nie wirklich gesunden sollte. Hermann Göring aber wurde im Herbst 1923 in den Strudel der großen politischen Ereignisse gerissen, die über Deutschland hinwegbrandeten.

Im Januar 1923 hatte die französische Armee das Ruhrgebiet besetzt: Mit der Begründung, Deutschland habe seine Reparationsleistung – 140 000 Telegrafenmasten – nicht termingerecht erbracht. Die Deutschen an der Ruhr antworteten auf den Willkürakt mit passivem Widerstand: Sie arbeiteten nicht, es fuhr kein Bus, keine Straßenbahn, kein Zug. Die Not im Reich war groß. Die Inflation fraß sich mit immer schnellerem Tempo fort. Schließlich gab die Regierung in Berlin unter Reichskanzler Gustav Stresemann klein bei. Sie forderte die Menschen an Rhein und Ruhr auf, den passiven Widerstand zu beenden.

Die bayerische Staatsregierung in München aber stellte sich gegen Berlin: Sie protestierte gegen die Aufhebung des passiven Widerstandes. Das Kabinett trat zurück. Der Regierungspräsident von Oberbayern, Dr. Gustav von Kahr, regierte nun das Land mit Sondervollmachten. Kahr hatte stets zu erkennen gegeben, daß er für die Loslösung Bayerns vom Reich und für die Wiedereinführung der Monarchie war. Dies war der Augenblick, wo Hitler seine Pläne tödlich bedroht sah. Kahrs diktatorisches Regime in einem vom Reich losgelösten Bayern hätte ihm und seiner NSDAP kaum Raum für Aktionen gelassen. Hitler entschloß sich zu handeln.

Am Abend des 8. November 1923 versammelten sich in der Bürgerbräuhalle von München die Menschen, um zu hören, was Gustav von Kahr zu sagen hatte. Der Präsident wurde begleitet von General von Lossow, dem Befehlshaber der Reichswehr in München, und von Oberst von Seisser, dem Chef der bayerischen Staatspolizei. Die ganze bewaffnete Macht des Südens stand hinter Kahr.

Kahr stand schon am Rednerpult des Bürgerbräukellers, als Adolf Hitler den Saal betrat. Der Chef der NSDAP stürmte durch den Gang nach vorn und drängte Kahr zur Seite. Göring, eine durchgeladene und entsicherte Pistole in der Hand, trat in den Saal. Er trug SA-Uniform. Dicht hinter ihm folgte eine Schar von SA-Männern. Hitler, ebenfalls eine Pistole in der Hand, forderte Kahr, Lossow und Seisser auf, ihm in einen Nebenraum zu folgen. Eine neue bayerische Regierung müsse gebildet werden – mit ihm, Hitler. Kahr, Lossow und Seisser stimmten ihm zu – und verrieten ihn noch in der gleichen Nacht. Einige Stunden später hörte Hitler, daß Haftbefehle gegen ihn und Göring vorlagen. Nur eine Demonstration seiner Macht, meinte Hitler jetzt, könne die Lage noch retten.

Am Morgen des 9. November 1923 formierten sich

3000 Männer der SA vor dem Bürgerbräukeller in München. Dem Zug voran trug ein SA-Mann die Hakenkreuzfahne. Hinter dem Fahnenträger marschierte Generalfeldmarschall Ludendorff, neben ihm sein Adjutant. Links neben dem General schritten Hermann Göring und Hitlers Leibwächter Graf. Wenige Schritte hinter diesen vier ging Hitler. Er trug eine Pistole schußfertig in der Hand.

Das Marschziel der Kolonne war das Kriegsministerium. Der Weg dorthin führte über die Residenzstraße. Am Ende dieser Straße stand bewaffnete Polizei. Schüsse fielen. Der Mann neben Hitler wurde in den Kopf getroffen. Zusammen mit ihm stürzte Hitler zu Boden und renkte sich dabei den Arm aus. Ein Schuß der ersten Salve hatte auch Hermann Göring getroffen – in der Leistengegend. Göring fiel hin.

Die Polizei schoß erneut, einzelne SA-Leute schossen zurück. Die meisten aber liefen fort oder suchten Schutz in Hauseingängen. Adolf Hitler kroch zu einem Auto und ließ sich davonfahren. Hermann Göring blutete stark. Er war kaum bewegungsfähig. SA-Männer trugen ihn weg. Zunächst brachten sie ihn in eine nahegelegene Villa, wo sie im ersten Stock um Verbandsmaterial baten. Doch sie wurden abgewiesen. Im zweiten Stock klingelten sie an der Wohnungstür des Möbelhändlers Ballin. Ballin rief seine Frau Ilse, die den Verwundeten im Wohnzimmer verband. Die Ballins waren Juden. Wenige Stunden später wurde Göring von den Männern seiner Sturmabteilung in eine Münchner Privatklinik transportiert.

Doch in der bayerischen Hauptstadt konnte Göring nicht bleiben. Die Polizei suchte ihn, bald hingen Hunderte von Steckbriefen mit seinem Foto in der Stadt. Kahr ließ Görings Bankkonto sperren. Auch Carin Göring war nun in Gefahr. Zwar lag sie mit Lungenbeschwerden im Bett, als die Schüsse vor der Feldherrnhalle fielen, und sie war auch am Abend zuvor nicht im Bürgerbräukeller gewesen. Doch: Die Polizei vermutete, daß auch Carin Göring an dem Komplott gegen den Staat beteiligt gewesen war. Ihre Steckbriefe wurden ebenfalls schon gedruckt.

Freunde Görings holten Carin aus ihrem Haus und fuhren sie in die Klinik zu ihrem Mann. Von dort flüchtete das Ehepaar in einem SA-Fahrzeug nach Garmisch-Partenkirchen, wo sie bei Freunden Carins Unterkunft fanden.

Nachts wollte sich das Paar über die Grenze nach Österreich retten. Nur mit einem Nachthemd bekleidet und in Pelze und Decken gehüllt, saß Göring mit seiner Frau im Fond eines Autos, das sich der Grenze näherte. Doch die Flucht scheiterte: An der Grenze wurde der Wagen angehalten, Görings Paß wurde beschlagnahmt. Polizisten fuhren den Verwundeten zurück nach Garmisch-Partenkirchen, sperrten ihn in eine Villa, die rund um die Uhr bewacht wurde. Allerdings gelang es Göring, schon in der nächsten Nacht zu fliehen. Diesmal trug er einen gefälschten Paß, den ihm Parteifreunde in Garmisch-Partenkirchen zugesteckt hatten. Görings Ziel war Innsbruck.

In der Alpenstadt kam ein gebrochener Held an, ein Mann, der die Schmerzen nur mit äußerster Mühe verbeißen konnte. Die Wunde, die Hermann Göring am 9. November 1923 durch die Kugel aus einem Polizistenkarabiner erlitt, hat seine Persönlichkeit und sein gesamtes weiteres Leben beeinflußt. Der Schuß hatte offenbar den Oberschenkel getroffen, aber Göring auch andere Schäden zugefügt – Schäden, über die er nicht sprechen wollte, weil er Spott und Gerüchte fürchtete. In den Büchern, die im Dritten Reich über Göring geschrieben wurden, wurde die Verletzung denn auch nur beiläufig erwähnt. Und keiner Quelle ist zu entnehmen, ob die Kugel den linken oder den rechten Schenkel traf. Es gibt auch kein schriftliches ärztliches Gutachten über die wahre Natur der Wunde, wohl aber eine Reihe von Zeugenaussagen. So hat Dr. Ramon von Ondarza, im Dritten Reich Görings Leibarzt und nach dem Krieg bis zu seinem Tod im Jahre 1973 Chirurg am Kreiskrankenhaus in Bad Oldesloe, verschiedentlich erzählt, daß der Schuß Göring in die Hoden traf. Die Krankenschwester Christa, die sich über viele Jahre ständig in seiner Nähe aufhielt, berichtete ebenfalls mehrfach von einer »schweren Hodenverletzung«. Unter anderem weihte sie Görings Kammerdiener Robert Kropp, General Bodenschatz und Görings Adjutanten Fritz Görnnert, der heute in Karlsruhe lebt, ein. Görnnert: »Von Schwester Christa erfuhr ich von der Verletzung. Mit Göring aber habe ich darüber nie geredet.« Ein weiterer Zeuge ist Nikolaus von Below, der Hitlers Luftwaffen-Adjutant war und heute in Detmold lebt. Below: »In Hitlers Umgebung wurde der Hodenschuß nicht als Gerücht, sondern als Tatsache gehandelt.«

Hodenverletzungen sind oft nicht nur folgenschwer, sondern stets ungewöhnlich schmerzhaft. Briefe, die Carin Göring in den Wochen nach dem Marsch auf die Feldherrnhalle an ihre Verwandten in Schweden schrieb, berichten von unausstehlichen Qualen ihres verwundeten Mannes. »Er ist vom Blutverlust geschwächt und schläft schlecht.« Am 30. November meldete sie: »Hermann geht es schlecht. Alle Wunden sind von neuem aufgebrochen. Er wurde geröntgt, und man stellte Kugelsplitter und Straßenschmutz fest, die eine starke Eiterbildung hervorgerufen hatten. Er phantasiert, weint, träumt von Straßenkämpfen und hat unbeschreibliche Schmerzen.« Schließlich ließ sie die Verwandten wissen: »Heute ist gerade ein Monat vergangen, seitdem man auf ihn schoß. Die Schmerzen sind nicht geringer.«

Die Ärzte verabreichten dem Verletzten Morphiumspritzen. Erst eine pro Tag, dann zwei. Schließlich spritzte Göring selber. Bis zu sechsmal am Tag gab er sich Injektionen. In den Wochen der größten Schmerzen wurde er süchtig.

Weihnachten 1923 erst konnte Göring das Krankenhaus in Innsbruck verlassen, in dem er seit seiner Flucht aus Bayern gelegen hatte. Er und seine Frau fanden Unterkunft in der Pension eines österreichischen NSDAP-Sympathisanten, der das Paar kostenlos aufnahm. Sie blieben bis zum Frühjahr. Dann mußten sie feststellen, daß sich die Hoffnungen, nach Deutschland zurückkehren zu können, nicht erfüllten. Sie reisten nach Italien.

Am 4. Mai 1924 kamen sie in Venedig an. Göring hoffte auf Zerstreuung. Doch die Schmerzen begleiteten ihn, das Morphium war sein bester Freund geworden, und über seiner Zukunft lag Ungewißheit. Der strahlende Held litt unter Depressionen. Carin schrieb ihrem Sohn Thomas: »Der Geliebte leidet.« Nach wenigen Tagen reiste das Paar nach Rom weiter. Das Geld wurde knapp. Ihr Konto in München war immer noch gesperrt. Nun hatten sie sogar Schwierigkeiten, die Bahnfahrt zu bezahlen. In Rom konnten sie sich nur ein Zimmer in einer Hinterhofpension leisten. Zwar wurde Göring von Italiens Staatschef Benito Mussolini empfangen, aber der Faschistenführer war zu jener Zeit nur schwach an einem deutschen Nationalsozialisten ohne Macht und Einfluß interessiert.

Görings Karriere in der deutschen Politik schien beendet, noch bevor sie richtig begonnen hatte. Adolf Hitler war in Haft, der Theoretiker Alfred Rosenberg führte die Partei. Und Rosenberg war kein Freund Görings: Kaum hatte der verwundete Göring das Land verlassen, stieß Rosenberg ihn als sogenannten »Inaktiven« aus der Partei. Kein Zweifel: Göring lag am Boden. Göring hat später zugegeben, in den Wochen von Rom Selbstmordpläne gehabt zu haben.

Mit dumpfem Brüten und Spaziergängen verbrachte Göring die Wochen in der italienischen Hauptstadt, von Schmerzen geplagt, morphiumsüchtig. Schließlich reiste Göring mit seiner Frau über Österreich und die Tschechoslowakei nach Schweden. Sie mieteten in Stockholm eine kleine Wohnung. Görings Suche nach Arbeit war erfolglos. Sein Aussehen hatte sich in wenigen Monaten stark verändert. Der einst schlanke Mann wirkte aufgedunsen; er hatte Fett angesetzt. Das Rauschgift machte ihn leicht erregbar, er verlor die Kontrolle über sich, schrie Carin bei kleinsten Anlässen an, zertrümmerte Geschirr auf der Erde und Möbel an der Wand. Carin und ihre Verwandten drängten Hermann Göring, sich einer Entziehungskur zu unterziehen. Er ging in das Stockholmer Aspaden-Krankenhaus. Dort wurden die Morphiumdosen nicht langsam verringert. Göring erhielt vielmehr von der Stunde der Ankunft an keine einzige Spritze mehr. Hermann Göring begann zu schluchzen und leise zu klagen. Dann fiel er auf die Knie und flehte die Krankenschwester an, ihm eine Spritze zu geben. Die Frau wies ihn zurück und sagte, er solle sich nicht aufführen wie ein Feigling. Göring sprang auf und stürmte mit erhobenen Fäusten auf die Krankenschwester los. Die Frau schrie um Hilfe. Die Polizei mußte kommen. Sie steckte Göring in eine Zwangsjacke.

Am 1. September 1925 wurde Hermann Göring in die Irrenanstalt von Langbro eingeliefert. Dort mußte der spätere Reichsmarschall des Großdeutschen Reiches etwa einen Monat lang in einer mit Gummi verkleideten Zelle leben. Vom Morphinismus war er nun geheilt. Ein schwedischer Psychiater aber befand, dem deutschen Kriegshelden mangele es an »moralischem Mut«. Seine Krankheitsgeschichte liegt noch heute in Schweden unter Verschluß.

Göring war gesund, nun kränkelte Carin. Sie hatte sich nie mehr von der Erkältung und der folgenden Lungenerkrankung erholt, die sie sich bei der Beerdigung von Franziska Göring zugezogen hatte. Die Krankheit der

Lunge hatte ihr Herz geschwächt. Sie verfiel. Und sie sorgte sich um die Zukunft des Mannes, der immer noch die große Liebe der schönen Schwedin war.

Im Herbst 1927 durfte Hermann Göring wieder nach Deutschland reisen. Der Reichstag hatte eine Amnestie für politische Straftäter erlassen. Carin aber blieb in Schweden. Sie war zu schwach, um die Reise antreten zu können. Kurz nach Görings Abfahrt brach sie zusammen und kam in ein Krankenhaus. In den Briefen an ihren Mann verschwieg sie, daß ihr Gesundheitszustand immer bedrohlicher wurde.

Göring muß voller Hoffnungen nach Deutschland gefahren sein. Adolf Hitler hatte den von Alfred Rosenberg verkündeten Parteiausschluß aufgehoben. Die Partei war wieder zum Kampf um die Macht im Reich angetreten – auf breiterer Front als jemals. Göring hatte im Kampf für den Sieg Hitlers sein Leben gewagt und war schwer verwundet worden. Er konnte auf Dankbarkeit rechnen. Indes – Hitler hatte neue Männer um sich versammelt. Die erste Begegnung zwischen ihm und Hermann Göring verlief kühl. Der Heimkehrer aus dem schwedischen Exil hatte auf eine Position im Parteiapparat der NSDAP, vielleicht bei der SA, gehofft. Aber die SA war inzwischen von Hitlers Duzfreund Ernst Röhm übernommen worden, und Hitler gab seinem Mitstreiter Göring den Rat, sich woanders um Arbeit zu bemühen.

Hermann Göring fand Arbeit. Wieder – wie schon acht Jahre zuvor – kam ihm sein Ruf als Flugzeugführer gelegen. Die Bayerischen Motoren-Werke schickten den Kriegspiloten als Vertreter für die von ihnen gebauten

Flugzeugmotoren nach Berlin. Unterkunft fand Göring in einer kleinen möblierten Wohnung an der Berchtesgadener Straße. Anfang 1928 reiste die mittlerweile halbwegs genesene Carin Göring zu ihrem Mann nach Berlin. Hermann Göring nahm wieder Verbindung zu seinen Fliegerkameraden aus der Luftschlacht über Flandern auf. Einige von ihnen hatten inzwischen einflußreiche Stellungen in Industrie und Verwaltung erklommen. Geschäftlicher Erfolg stellte sich im Hause Göring ein. Bald war er in der Lage, in einer größeren Wohnung Gesellschaften zu veranstalten, bei denen sich Prinzen und Grafen, Offiziere und Industrielle trafen. Ein Kaisersohn, Prinz August Wilhelm, wurde Görings Freund. Göring nannte den Hochadeligen »Auwi«. Der rheinische Großindustrielle Fritz Thyssen war erst bei Görings zu Gast, bevor er sein Herz für Hitler entdeckte. Dr. Hjalmar Schacht, der ehemalige Präsident der Reichsbank und ohne Frage einer der begabtesten Finanzfachleute der Erde, trat in die NSDAP ein, nachdem er bei Görings getrüffelte Gänsebrust gegessen hatte.

Göring, so erkannte Hitler schnell, war in der Lage, der NSDAP Glanz zu verleihen – einer Partei, deren Bild in der Öffentlichkeit bisher im wesentlichen von den furchteinflößenden Aufmärschen der SA geprägt worden war. Hitler schlug Göring vor, für die Reichstagswahl am 20. Mai 1928 zu kandidieren. Göring nahm sofort an – und hatte dabei nicht zuletzt jene 800 Mark im Auge, die ein Mitglied des Reichstages monatlich als Diäten bekam. Mit einem Abendessen im vornehmen Berliner Restaurant Horcher feierte er die Kandidatur. Tatsächlich führte Göring – so wie Hitler gehofft hatte – einen Wahlkampf, der sich von dem des SA-Führers Röhm deutlich unterschied. Göring predigte die »anständige Revolution«, die »Revolution ohne Radikalismus«. Er reiste quer durch Deutschland, hielt täglich mehrere Reden und war am Abend des 20. Mai am Ziel: 800 000 Deutsche hatten bei der Reichstagswahl der NSDAP ihre Stimme gegeben. Mit 2,6 Prozent lag Hitlers Partei nun an neunter Stelle unter den Parteien des Parlaments. Sie konnte mit zwölf Abgeordneten in den Reichstag einziehen. Unter ihnen Adolf Hitler, Joseph Goebbels, Gauleiter von Berlin – und Hermann Göring.

Am 13. Juni 1928 zog Hermann Göring in den Reichstag ein. Carin Göring saß auf der Tribüne und schrieb über den Triumph ihres Mannes an ihre Mutter: »Hermann hatte einen ausgezeichneten Platz bekommen mit General von Epp aus Bayern. Die beiden saßen ganz allein an einem Tisch ganz vorn... Es war recht unheimlich, die Rotgardisten zu sehen. Sie sind unerhört vorgegangen und nehmen jetzt einen kolossalen Platz im Reichstag ein.«

Der Kronprinz Wilhelm, der älteste Sohn des letzten deutschen Kaisers, gratulierte Hermann Göring: »Ihr außerordentliches Talent, Ihr Ausdrucksvermögen und Ihre Körperkraft mögen sich als nützlich erweisen für Ihre neue Aufgabe als Volksvertreter.« Hermann und Carin Göring zogen schon eine Woche nach der Wahl in eine große, repräsentative Wohnung an der Badenschen Straße in Berlin. Hermann Göring war auf dem Weg nach oben, und diesen Weg wollte er nicht mehr verlassen. Er redete nach, was Hitler sagte – die Stimme seines Herrn. Nach der ersten Sitzung im Reichstag klagte er: »Dutzende von Abgeordneten sind Juden!« Er vermied nun jeden Kontakt zu seinem Patenonkel Epenstein, der ihm Vorbild gewesen war.

Der Aufstieg der Nationalsozialisten war unaufhaltsam, und Hermann Göring hatte seinen Anteil daran. Im Sommer 1930 wurde der Reichstag erneut aufgelöst. Joseph Goebbels, der Propagandastratege der Partei, organisierte in den Wochen des Wahlkampfes fast 6000 NSDAP-Versammlungen. Wieder hielt auch Göring mehrere Reden am Tag, reiste von Ostpreußen bis ins Rheinland, von Schleswig-Holstein bis nach Bayern. Am 14. September 1930 gingen die Deutschen zur Wahl. Dieser Tag wurde zum Tag des Triumphes für Adolf Hitler und seine Gesellen. Hitler und Göring hatten am Morgen dieses 14. September mit höchsten 40 bis 60 Mandaten gerechnet. Hitler und Göring hatten sich verschätzt. Am 15. September, morgens um 3.00 Uhr, stand das Ergebnis dieser Wahl fest: 18 Prozent hatten für die NSDAP votiert. Die Stimmenzahl für die Partei war von 800 000 auf schier unglaubliche 6,4 Millionen gestiegen. Mit 50 Abgeordneten konnten die Nationalsozialisten ins Berliner Reichstagsgebäude einziehen.

Göring sagte nach dem großen Sieg: »Wir kämpfen gegen diesen Staat und das gegenwärtige System, weil wir sie restlos vernichten wollen. Aber auf legalem Wege. Ehe wir das Gesetz zum Schutz der Republik hatten, haben wir gesagt: Wir hassen diesen Staat. Seitdem wir es haben, sagen wir: Wir lieben ihn – und immer noch weiß jedermann, was wir meinen.«

66

Carin Göring hörte vom Erfolg ihres Mannes im Sanatorium. Ihre Herzschwäche und ihre Lungenkrankheit hatten sich verschlimmert. Im folgenden Frühjahr wuchs die Sorge um ihr Leben: Sie, die schon jahrelang kränkelte, fiel immer öfter in tiefe Bewußtlosigkeit. Und eines Tages in diesem strahlenden Sommer 1931 baten die Ärzte Göring zu einem Gespräch: Sie teilten dem Abgeordneten mit, daß seine Frau in den nächsten Monaten sterben werde. Sie werde das Jahr 1932 nicht mehr erleben. Am 25. September 1931 starb Carins Mutter, die Baronin Huldine von Fock, in Stockholm. Göring und seine Frau reisten sofort nach Schweden, um an der Beisetzung teilzunehmen. Doch am Abend der Ankunft in Stockholm brach Carin zusammen. Sie hatte einen Herzkollaps erlitten. Ihr Zustand war kritisch, und sie erholte sich nicht mehr. Dem Tode nahe, lag sie im Krankenhaus. Am 17. Oktober 1931 starb sie. Doch ihr Mann war in der Stunde ihres Todes nicht an ihrer Seite: Er war nach Deutschland zurückgeflogen, nach Berlin, um Hitler zu helfen, die Regierung zu stürzen.

Den Tod seiner Frau hat Hermann Göring nie wirklich verwunden. Er hatte an ihr mit abgöttischer Liebe gehangen. Nun zelebrierte er um die Tote einen Kult, der gewisse Merkmale des Krankhaften trug. Ihr Schlafzimmer in Berlin richtete er als Museum ein. Kein Gegenstand durfte in diesem Zimmer verstellt werden. Täglich stellte er einen frischen Blumenstrauß auf den Nachttisch Carins. Das Zimmer, so sagten Besucher, war »ein unheimlicher Raum«. An Carins Todestag sah man Göring noch Jahre später weinen. Seine Mitarbeiter durften ihn dann nur in wichtigsten Fällen stören. Meist saß er in seinem Arbeitszimmer, auf dessen Schreibtisch ein Foto Carins stand. Einer seiner späteren Mitarbeiter: »Er litt unglaublich an jedem 17. Oktober.« An einem 15. Oktober starb Göring selbst.

Schon kurz vor dem Tode Carins war eine Frau in das Leben Görings getreten, die später Carins Stelle einnehmen sollte. Es war die Weimarer Schauspielerin Emmy Sonnemann, ebenso blond wie drall. Von ihrer ersten Begegnung mit Göring erzählte Emmy Sonnemann später: »Ich lernte ihn auf Schloß Kochberg kennen, wo ich mit dem Weimarer Ensemble vor einem geladenen Kreis ›Die Verschwörung gegen die Liebe‹ spielte. Unter den Gästen befanden sich auch Hermann Göring und seine Frau Carin.« Weiter sagte Emmy Sonnemann: »Soweit ich mich entsinne, hat er auf mich an diesem ersten Abend keinen besonderen Eindruck gemacht. Seine Frau dagegen faszinierte mich augenblicklich.« Und: »Hermann Göring sollte ich erst ein Jahr später wiedersehen. Es war im Frühjahr 1932.« Emmy saß mit Kolleginnen im Weimarer »Kaiser-Café«, als Göring, nun schon Witwer, kam. Emmy und der Reichstagsabgeordnete unterhielten sich und gingen dann zwei Stunden durch Weimar spazieren. Abends fragte eine Freundin: »Könntest du dich in diesen Mann verlieben?« Emmy Sonnemann antwortete: »Vielleicht!« In den folgenden Wochen und Monaten bildete sich eine enge Freundschaft zwischen Emmy und Hermann Göring. Emmy Sonnemann fand: »Ein ungewöhnlicher Mensch. Es dauerte aber eine Zeitlang, bis ich in Hermanns Gefühls- und Gedankenwelt hineinwuchs.«

Die neue Frau an Görings Seite bewahrte – anders als ihre Vorgängerin – Abstand zu Politik und Ideologie. Die Schauspielerin grüßte den Chef der NSDAP mit großer Hartnäckigkeit »Grüß Gott, Herr Hitler«. Sie kaufte in jüdischen Geschäften und setzte sich, wann immer sie konnte, für verfolgte und gejagte Juden ein. Emmy Sonnemann hat es nie für möglich halten wollen, daß Hermann Göring an Verbrechen beteiligt war: Ihr gegenüber war er liebevoll und zuvorkommend.

Seine ausgesucht höflichen Umgangsformen öffneten Hermann Göring auch die Tür zu Reichspräsident Paul von Hindenburg, der sich von den anderen Männern um Hitler abgestoßen fühlte. Dreimal besuchte Göring das greise Staatsoberhaupt auf dessen Gut Neudeck. »Wir werden bald an der Macht sein«, sagte Göring anschließend.

Im März 1932 lief Hindenburgs Amtszeit ab. Der Präsident stellte sich zur Wiederwahl, auch Hitler kandidierte. 13 Millionen Deutsche gaben Hitler die Stimme. Doch Hindenburg bekam 19 Millionen. Es war ein Rückschlag für die NSDAP, aber die Zeit arbeitete für Hitler: Wirtschaftliches Chaos erfaßte das ganze Land, in Deutschland waren sechs Millionen ohne Arbeit, es herrschten Hunger, Elend und Verzweiflung. Mit jeder neuen Regierungskrise, mit jedem neuen Anstieg der Arbeitslosenzahlen sank das Vertrauen der Deutschen in ihren Staat. Im gleichen Maße stieg die Hoffnung, Hitler könnte das Land aus der Not befreien.

Aus der Reichstagswahl vom 31. Juli 1932 gingen die

Nationalsozialisten erstmals als stärkste Partei hervor. Sie errangen 230 Mandate und verwiesen die Sozialdemokraten mit 133 Stimmen im Reichstag auf den zweiten Platz. Göring triumphierte: »Wir sind im Sattel.«

Am 30. August 1932 wählten ihn die Abgeordneten des neuen Reichstages zum Reichstagspräsidenten. Mit naivem Stolz betrat er noch am gleichen Tag sein Präsidentenbüro, auf dessen Schreibtisch säuberlich geordnetes Briefpapier mit der Aufschrift »Der Präsident des Reichstages« lag. Er nahm einen dieser Bogen, griff nach einem roten Stift und notierte: »Ich liebe Dich. H.« Ein Bote mußte diese Nachricht zu Emmy Sonnemann bringen.

Es folgten neue Wahlen – Wahlen, die diesmal den Niedergang des Nationalsozialismus anzukündigen schienen. Zum ersten Mal seit Jahren mußte die NSDAP bei Reichstagswahlen einen Stimmenrückgang hinnehmen. Die NSDAP verfügte nur noch über 196 Mandate. »Wenn die Partei vergeht, nehme ich mir das Leben«, schrie Adolf Hitler.

Die Partei verging nicht. Am 30. Januar 1933, morgens um 10.30 Uhr, waren Hitler und Hermann Göring am Ziel. Hindenburg gab dem Kabinett Adolf Hitlers seinen Segen: »Und nun, meine Herren, mit Gott vorwärts.« Göring lief in das Hotel »Kaiserhof« zu den wartenden Parteigenossen und überbrachte atemlos die Nachricht. Dann kam Hitler, Tränen in den Augen.

Den Abend erlebte Berlin im nationalsozialistischen Freudentaumel. 25 000 uniformierte Hitleranhänger marschierten an der Reichskanzlei vorbei. Viele tausend Fackeln tauchten die Innenstadt in Licht. Der Rundfunk übertrug die »Nacht des großen Wunders«. In einem Fenster der Reichskanzlei stand Adolf Hitler, neben ihm Hermann Göring, der geholfen hatte, diese »Nacht des großen Wunders« herbeizuführen. Ein paar Fenster weiter stand Hindenburg. Er blickte müde und nachdenklich auf die Menschen auf der Straße.

Auch Emmy Sonnemann erlebte den Triumph des Freundes. Göring hatte ihr ein Zimmer im Hotel »Kaiserhof« reservieren lassen. Dort stand sie am Fenster. Emmy Sonnemann berichtete später: »Ganz sicher schien sich Hermann der ungeteilten Stimmung der meisten nicht zu sein. Er gab mir einen Revolver mit der Bemerkung: ›Hier, nimm das mal, falls etwas passieren sollte‹.«

Im Radio hörte die Schauspielerin Görings Rede. Göring sagte: »Der 30. Januar 1933 wird in die deutsche Geschichte als der Tag eingehen, an dem die Nation nach 14 Jahren der Qual, der Not, der Schmach und der Schande wieder zu sich selbst zurückgefunden hat: Brot und Arbeit für den deutschen Volksgenossen, Freiheit und Ehre für die Nation.«

Nach Mitternacht kehrte Göring zu Emmy Sonnemann ins Hotel zurück. Er, der an diesem Tag Minister ohne Geschäftsbereich geworden war, trug die braune Uniform der SA. Emmy fand: »Sie steht ihm nicht. Braun ist nicht seine Farbe.«

Kapitel III
(1933–1939)

Am Abend des 27. Februar 1933 stand Hermann Göring, Reichstagspräsident, im Eingang des Reichstagsgebäudes in Berlin. Sein Gesicht war geschwärzt. Rauch trieb Tränen in seine Augen. Aus der Kuppel des Reichstages schlugen Flammen. Das Gebäude brannte vom Grund auf.

Göring wandte sich um und traf im Vorhof des Reichstages auf Adolf Hitler, seit dem 30. Januar 1933 Kanzler des Deutschen Reiches. Hitler schrie Göring zu: »Das ist ein Zeichen des Himmels.«

Wenig später hieß es in Deutschland, die Nationalsozialisten hätten dieses Zeichen selbst gesetzt. Der Reichstag sei von SA-Männern in Brand gesteckt worden – im Einverständnis mit dem Präsidenten Göring – und nicht etwa von Kommunisten.

Jedenfalls lief in der Nacht des Brandes noch die erste große Verfolgungsaktion des Dritten Reiches an. Hermann Göring setzte sie in Gang. Hitler hatte ihn unmittelbar nach der Machtübernahme zum Ministerpräsidenten und Innenminister von Preußen ernannt, und damit verfügte Hitlers Helfer über die stärkste Polizeitruppe im Deutschen Reich.

Am Tage nach dem Brand erließ Reichspräsident Hindenburg die »Notverordnung zum Schutz von Volk und Staat«. Die wichtigsten Artikel der Weimarer Verfassung wurden außer Kraft gesetzt. Görings Polizisten verhafteten in den Tagen nach dem Brand Kommunisten, Sozialisten und liberale Politiker. Kaum einen Monat nach dem Machtantritt der Nationalsozialisten wurde in Deutschlands Gefängnissen wieder gefoltert – nach 130 Jahren aufgeklärter Rechtspflege zum ersten Mal.

Hermann Göring befahl seiner Polizei zu schießen, wann immer es ihr gefiel: »Jede Kugel, die jetzt aus dem Lauf einer Polizeipistole geht, ist meine Kugel. Wenn man das Mord nennt, dann habe ich gemordet, das alles habe ich befohlen, ich decke das, ich trage die Verantwortung dafür und habe mich nicht zu scheuen.«

Und: »Meine Maßnahmen werden nicht angekränkelt sein durch irgendwelche juristische Bedenken. Meine Maßnahmen werden nicht angekränkelt sein durch irgendeine Bürokratie. Hier habe ich keine Gerechtigkeit zu üben, hier habe ich nur zu verachten und auszurotten, weiter nichts.«

Die Gefängnisse in Deutschland konnten die riesige Zahl von politischen Gefangenen, die Görings Polizei auf den Straßen verhaftete, aus Büros und Häusern herausholte, nicht aufnehmen. So entstanden unter seinem Kommando im Frühjahr 1933 an mindestens sechs Orten im Deutschen Reich, was auf immer die deutsche Geschichte beflecken wird: die Konzentrationslager. Die Lager waren der Justiz entzogen, SA und politische Polizei übten Gewalt über Leib und Leben von Deutschen aus. Homosexuelle SA-Führer ließen von ihren Männern Minderjährige einfangen und in den Lagern festhalten. Deutsche Männer und Frauen, die nichts anderes getan hatten, als eine andere Meinung zu haben als Adolf Hitler, wurden mißhandelt, gequält und getötet. Das Stöhnen der Gefolterten drang aus Görings Lagern heraus, und Göring mußte Stellung nehmen zu dem, was unter seiner Verantwortung geschah.

Aber er nahm nichts zurück, er sattelte drauf: »Ich habe erst angefangen zu säubern, es ist noch längst nicht fertig. Für uns gibt es zwei Teile des Volkes. Ein Teil, der sich zum Volke bekennt, ein anderer Teil, der zersetzen und zerstören will. Ich danke meinem Schöpfer, daß ich nicht weiß, was objektiv ist. Ich bin subjektiv. Ich lehne es ab, daß die Polizei eine Schutztruppe jüdischer Warenhäuser ist. Es muß endlich einmal der Unfug aufhören, daß jeder Gauner nach der Polizei schreit. Die Polizei ist nicht dazu da, die Gauner, Strolche, Wucherer und Verräter zu schützen. Wenn Sie sagen, da und dort sei einer abgeholt und mißhandelt worden, so kann man nur erwidern: Wo gehobelt wird, fallen Späne. Ruft nicht soviel nach Gerechtigkeit, es könnte sonst eine Gerechtigkeit geben, die in den Sternen steht und nicht in euren Paragraphen. Wenn wir auch viel falsch machen, wir werden jedenfalls handeln und die Nerven behalten. Lieber schieße ich ein paarmal zu kurz oder zu weit, aber ich schieße wenigstens.«

In diesen Tagen formte Hermann Göring in Berlin auch jenes Instrument, das die totalitäre Herrschaft der Nationalsozialisten über das 70-Millionen-Volk der

Deutschen ermöglichte und absicherte: die geheime Staatspolizei.

So wurde der Mann, der wenige Jahre zuvor noch abends nicht wußte, wovon er den nächsten Tag bestreiten sollte, schon in den ersten Monaten des Jahres 1933 zu einem der wichtigsten Männer des SS-Staates. Er war Reichspräsident und preußischer Ministerpräsident, preußischer Minister des Inneren, Oberbefehlshaber der preußischen Polizei, Reichskommissar für die Luftfahrt, Reichsminister ohne Geschäftsbereich, Reichsluftfahrtminister, Chef der geheimen Staatspolizei in Preußen und schließlich General der Infanterie.

Für alle dieser Ämter ließ Hermann Göring sich jeweils passende Uniformen schneidern. Der beste Zuschneider des berühmtesten Berliner Herrenmodesalons arbeitete viele Jahre lang ausschließlich für Göring. Am Ende des Jahres 1933 hingen in Görings Schrank etwa 30 verschiedene Uniformen und 20 Zivilanzüge. Seine Figur änderte sich ständig, er aß über alle Maßen viel, und er unterwarf sich regelmäßig Schlankheitskuren. Görings Gewicht schwoll im Laufe der ersten zwölf Monate nach der Machtübernahme durch die Nationalsozialisten auf 280 Pfund.

Sein Diener Robert Kropp berichtet, daß Göring ihn regelmäßig nachts weckte und Bier, belegte Brote, Cremekuchen und dazu Schlagsahne verlangte. Göring schob die Freßlust den Anstrengungen zu, denen er ausgesetzt war, doch Wurst und Käse allein hätten das Rekordgewicht nicht hervorgebracht. Wesentliche Ursache für die abnorme Fettleibigkeit waren auch Drüsenstörungen –

Folge der Verletzung beim Marsch auf die Feldherrnhalle in München am 9. November 1923.

Göring verbrachte regelmäßig ungewöhnlich viel Zeit damit, seine Finger zu manikūren, und er puderte nach der Rasur stets seine Haut. Er litt an Schlafstörungen, stand früh auf und fuhr früh in sein Büro im preußischen Innenministerium.

Dort las er in aller Regel zunächst die Niederschriften von Telefongesprächen, die seine Polizisten am Tag und in der Nacht zuvor abgehört hatten. Hermann Göring war der erste Deutsche, der gegen seine politischen Feinde und auch seine politischen Freunde eine Lauschoffensive großen Stils organisierte. In einer »Forschungsamt« genannten Behörde waren 3000 Männer und Frauen damit befaßt, Telefongespräche abzuhören, Telegramme und Funksprüche auszuwerten und ihren Inhalt an Göring weiterzugeben.

In den Protokollen der Telefongespräche fand Göring auch gelegentlich Aufzeichnungen von Telefonaten, die Ernst Röhm, Stabschef der SA, und sein Stellvertreter in Berlin, SA-Gruppenführer Karl Ernst, geführt hatten. Röhm und Ernst bezeichneten Göring darin stets als »Sau, die abgestochen werden muß«.

Hermann Göring fühlte sich und seine Macht bedroht. Auf der Suche nach Verbündeten, die ihm gegen die gewalttätigen Herren der SA beistehen konnten, stieß er auf einen Mann, mit dessen Namen der schwarze Tod, der Meuchelmord und abgefeimte, kaltblütige Grausamkeiten für immer verbunden sind: Heinrich Himmler. Himmler war zu dieser Zeit Chef der Polizei in Bayern, der zweitstärksten Polizeitruppe im Deutschen Reich. Stück um Stück baute er sein Imperium weiter aus, und schließlich stand er Anfang des Jahres 1934 an der Grenze des Bereichs, der Göring untertan war. Himmler schickte sich an, die Polizeigewalt im ganzen Reich und damit auch in Preußen zu übernehmen.

Was niemand erwartet hatte, geschah: Göring wich ohne Widerspruch vor Himmlers Machtanspruch zurück. Am 1. April 1934 legte er das Instrument, das er selbst zur Absicherung der nationalsozialistischen Herrschaft in Deutschland geschaffen hatte, in Himmlers Hände: die geheime Staatspolizei. Göring selbst allerdings behielt eine Streitmacht zu seiner persönlichen Verfügung: die Landespolizeigruppe, die er in der Kadettenschule in Berlin-Lichterfelde kasernierte.

In diesem ersten Monat im Jahre 1934 richtete sich Hermann Göring in den Räumen der totalitären Herrschaft der Nationalsozialisten über Deutschland ein, und schon in diesen frühen Jahren der nationalsozialistischen Herrschaft machte sich der ehemalige Jagdflieger daran, aus seiner dienstlichen Stellung ein Höchstmaß an privaten Vergnügungen zu ziehen. In der Schorfheide, nordöstlich von Berlin, schuf sich Hermann Göring seinen eigenen Staat: Carinhall. Hitler hatte seinen Kampfgefährten und preußischen Ministerpräsidenten zum Reichsjägermeister und Herrn aller deutschen Wälder ernannt. Auf seinen Reisen durch Deutschlands grüne Flächen suchte Göring nach einem Areal, das dem Ruhme des zweitmächtigsten Mannes im NS-Staat und der Stellung eines Reichsjägermeisters zugleich gerecht wurde. Er fand es in der Schorfheide. Ein riesiges Gebiet, bewachsen von Heide und Moor, mit Seen und Sümpfen und Wild aller Art.

Inmitten dieses riesigen Forstes nahm Hermann Göring ein 250 Quadratkilometer großes Terrain für sich allein in Anspruch, und in der Mitte dieses großen Forstes errichtete Hitlers Großfürst ein Gebäude, das so bekannt wurde wie die Reichskanzlei und der Westwall, ein Herrensitz, der nach seiner Vollendung die Ausmaße eines Fußballfeldes aufwies.

Ausgangspunkt des Baues war ein Jagdhaus am Wakkersee. Aus jedem der äußeren Fenster des Hauses konnte man entweder auf den See oder auf den Wald blicken. Die Hauptgebäude trugen Strohdächer, die tief herabgezogen waren. Der Haupthof des Herrensitzes war von einem Wandelgang eingefaßt, dessen Dach auf geschnitzten Balken ruhte. An der Hauptfassade ließ Göring sein Wappen anbringen: eine eiserne Faust, die eine Keule schwingt. Die Eingangshalle im Hauptteil des Gebäudekomplexes war rund 50 Meter breit. Der Bankettsaal war mit Säulen aus rotem Veroneser Marmor geschmückt. An den Wänden von Carinhall hingen Gemälde von holländischen und deutschen Meistern und Wandteppiche. Manche dieser Kostbarkeiten ließ sich Göring schicken, manche erwarb er, manche preßte er Menschen ab, die um Leib und Leben fürchten mußten.

Die Dienerschaft von Carinhall war uniformiert. Die Männer trugen rote Röcke, grünseidene Kniehosen und Reitstiefel, die Frauen grüne Jacken, grüne Röcke und Wildlederschuhe. Im Dachgeschoß des Hauptgebäudes von Carinhall zogen schon im Jahre 1934 die Elektriker die Drähte für des Reichsmarschalls liebstes Spielzeug: die Modelleisenbahn, zu der er später dann immer flüchtete, wenn ihn Niedergeschlagenheit und Mutlosigkeit überkamen.

Am Ufer des Wackersees, das dem Haus gegenüberlag, ließ Hermann Göring ein Mausoleum errichten. Es sollte die Leiche seiner Frau Carin aufnehmen, die nach ihrem Tod 1929 in Stockholm begraben worden war. Die Mauern der Gruft, in der auch Göring nach seinem Tod begraben sein wollte, waren 180 Zentimeter stark.

Am 19. Juni 1934 verluden schwedische Arbeiter einen kostspieligen Zinnsarg in einen Eisenbahnwaggon, der mit Blumen geschmückt war. Auf dem Sarg lag ein Kranz aus weißen Rosen. Göring ließ eine Karte hineinstecken, auf der stand: »Meiner einzigen Carin.« Der Sarg mit der Leiche von Carin Göring, geborene von Fock, wurde auf ein Schiff gebracht und nach dem Ostseehafen Saßnitz transportiert, dort wieder in einen Zug geladen. Dörfer und Städte längs der Strecke von Saßnitz bis Eberswalde in der Mark Brandenburg hatten halbmast geflaggt. Männer, Frauen und Kinder standen auf den Bahnhöfen Spalier. In Carinhall wartete neben Hermann Göring der Reichskanzler Adolf Hitler auf den Sarg.

Eine Militärkapelle intonierte den Trauermarsch aus der Oper »Götterdämmerung« von Hitlers Lieblingskomponist Richard Wagner.

Doch die feierliche Zeremonie zu dem Mausoleum von Carinhall wurde unterbrochen. Vor dem Hauptgebäude bremste mit quietschenden Reifen die Kolonne des Reichsführers der SS Heinrich Himmler. Der schwarzuniformierte Himmler sprang heraus und eilte auf Hitler zu. Flüsternd teilte Himmler dem Reichskanzler mit, er sei auf der Fahrt nach Carinhall beschossen worden. Die Kugel habe die Windschutzscheibe seines Wagens zerstört. Dieser Schuß auf Himmler war der erste einer Reihe von Schüssen, die wenig später durch Deutschland hallten und die Herrschaft mit Gewalt, Blut und Terror über Deutschland endgültig begründete.

In den ersten sechs Monaten des Jahres 1934 hatte sich die Situation innerhalb der nationalsozialistischen Bewegung mit immer größerem Tempo verschärft. Die bewaffnete Macht im Reich war auf vier Gruppen verteilt, von denen eine der anderen nicht über den Weg traute: die Reichswehr, die Polizei, die SS unter dem Befehl von Hitler und die SA unter dem Befehl von Ernst Röhm. Die SA war mit mehr als zwei Millionen Mann die zahlenmäßig bei weitem stärkste Gruppe, und sie war zugleich die Formation, die mit dem Ergebnis der nationalsozialistischen Machtergreifung nicht zufrieden war. Sie verlangte nach einer zweiten, einer richtigen Revolution, einer »Nacht der langen Messer«. So forderten viele SA-Männer, mit der überholten Herrschaftsstruktur endlich aufzuräumen.

SA-Stabschef Ernst Röhm war Hitlers einziger Duzfreund in der nationalsozialistischen Bewegung. Hitler hatte ihn zum Kabinettsmitglied gemacht und ihm nach Anfang Januar 1934 einen Brief geschrieben, in dem es heißt: »Am Abschluß des Jahres der nationalsozialistischen Revolution drängt es mich daher, Dir, mein lieber

Ernst Röhm, für die unvergänglichen Dienste zu danken, die Du der nationalsozialistischen Bewegung und dem deutschen Volke geleistet hast, und Dir zu versichern, daß ich dem Schicksal dankbar bin, solche Männer wie Dich als meine Freunde und Kampfgenossen bezeichnen zu dürfen. In herzlicher Freundschaft und dankbarer Würdigung, Dein Adolf Hitler.«

Doch die »herzliche Freundschaft« zwischen dem Reichskanzler und seinem Stabschef zerbrach in den ersten Monaten des Jahres 1934. Röhm drängte Hitler, SA und Reichswehr zu verschmelzen und ihn zum Oberkommandanten der bewaffneten Macht in Deutschland zu ernennen.

Von niemand anderem hat sich Hermann Göring während seines Aufstiegs im Dritten Reich so sehr bedroht gefühlt wie von Ernst Röhm. Er war sich klar darüber, daß jeder Zuwachs an Macht, den Ernst Röhm an sich reißen konnte, ihn selbst um eben diese Macht berauben würde.

Solange Röhm an der Spitze der SA diese Schlüsselstellung besaß, war Göring nicht das, was er sein wollte: der zweite Mann nach Adolf Hitler.

So sammelte er Material über Röhm und seine Freunde. Es kam ihm zustatten, daß Röhm Deutschlands bekanntester Homosexueller war und seiner Abartigkeit ohne jeden Zügel nachlebte. Göring legte Hitler Sexfotos von Ernst Röhm vor und die Niederschrift eines Telefongespräches, aus denen sich ergab, daß Röhm nach der ganzen Macht im Staate greifen wollte. Am 7. Juni 1934 reiste Ernst Röhm nach Bad Wiessee am Tegernsee in

Bayern, um dort Urlaub zu machen. Begleitet wurde er von dem ebenfalls homosexuellen SA-Gruppenführer Edmund Heines und einigen jüngeren Männern. In der vierten Juniwoche befahl Röhm alle höheren SA-Führer für Samstag, den 30. Juni, zu sich nach Bad Wiessee. Hitler und Göring entnahmen den Vorbereitungen des SA-Führers, daß eine Mobilmachung der Braunhemden und damit ein Bürgerkrieg bevorstand.

Der Reichskanzler Hitler war im Juni in Deutschland unterwegs. In Bayern, in Ostfriesland, im Rheinland. Am 29. Juni 1934 beschloß Hitler den Mord an seinem alten Kameraden. Am Morgen des 30. Juni bestieg er in Köln ein Flugzeug vom Typ JU 52 und flog nach München. In seiner Begleitung Polizisten und SS-Leute der Leibstandarte. In München bestieg die Gruppe Autos und fuhr nach Bad Wiessee. Hitlers Männer umstellten die Häuser, in denen die SA-Führer schliefen. Der SA-Führer Heines wurde zusammen mit einem seiner jungen Freunde aus dem Bett geholt. Beide wurden in einem Auto erschossen. Hitler selbst klopfte an die Zimmertür von Ernst Röhm. Hitler schrie seinen Duzfreund an, nannte ihn einen Verräter und ließ ihn in das Gefängnis von München-Stadelheim bringen.

Zur Stunde des Überfalls am Tegernsee schwärmte Görings Polizei in Berlin aus. Sie errichtete einen Sperrgürtel um das Stabsquartier der SA. Dann stürmte sie das Gebäude und trieb die SA-Männer zusammen.

Göring kam. In der Hand hielt er eine Liste mit den Namen von SA-Männern, die nun sterben sollten. Er ging von Zimmer zu Zimmer und bezeichnete die SA-Leute, die er für gefährlich hielt. Diese von Göring ausgesuchten Männer wurden auf Lastwagen in die Kadettenschule in Berlin-Lichterfelde gekarrt und dort in Kellern zusammengepfercht. Dann trat ein acht Mann starkes Exekutionskommando an. Gruppenweise wurden die SA-Leute aus den Kellern geführt. Ein SS-Mann riß jedem von ihnen das Hemd auf, zeichnete mit Kohle einen großen Kreis um die linke Brustwarze, dann mußten sich die SA-Leute an die Mauer stellen, die sieben Schritte von dem Exekutionskommando entfernt war. Die SS-Leute schossen. Schüsse aus dieser Nähe reißen große Wunden. In Kürze war die Mauer voller Blut und Fleischfetzen. Die SS und die Polizei nahmen sich nicht die Zeit, das Blut fortzuspülen.

In Bad Wiessee waren Heines erschossen und Röhm verhaftet worden, aber einer der nach Görings Meinung gefährlichsten SA-Führer war noch auf freiem Fuß: Gruppenführer Karl Ernst. Er hatte gerade geheiratet und war mit seiner Frau in die Flitterwochen gefahren. Göring schickte Flugzeuge hinter ihnen her. Eines entdeckte Ernsts Mercedes, als er Bremen ansteuerte. Ernst wurde festgenommen und nach Lichterfelde geführt. Er wurde vor das Hinrichtungskommando geführt. Als die SS-Leute die Karabiner anlegten, hob Karl Ernst die Hand und rief »Heil Hitler«.

An diesem letzten Tag des Juni 1934 und den beiden darauffolgenden Tagen raste der staatlich gebilligte Mord durch Deutschland. Politische Gegner der Nationalsozialisten wurden erschossen, privater Rachedurst befriedigt. Mindestens 170 Menschen starben. SA-Leute, Sozialisten, Liberale, Geistliche. Die Gewaltherrschaft in Deutschland war endgültig etabliert, und Hermann Göring hatte ihr zum Sieg verholfen.

Ernst Röhm lebte am 2. Juli noch. Hitler ließ ihn auffordern, sich selbst zu töten. Röhm lehnte ab. Zwei SA-Führer traten in seine Zelle. Röhm war nackt bis zum Gürtel. Als sie ihre Pistolen zogen, knallte er die Hacken zusammen und nahm Haltung an. Sie erschossen ihn. Vom Internationalen Militärtribunal in Nürnberg wurde Göring befragt, wie er kalten Blutes habe mithelfen können, seinen Kampfgefährten Ernst Röhm zu töten. Göring sah den Frager verständnislos an und sagte: »Aber er stand mir doch im Weg.«

Im Frühjahr 1929, zwei Jahre vor dem Tod seiner Frau Carin, hatte Hermann Göring bei einer Festlichkeit in Berlin die Schauspielerin Emmy Sonnemann kennengelernt. Sie war so alt wie er, hatte blonde Haare und neigte ein wenig zu körperlicher Fülle.

Als Carin Göring gestorben war, wurde die Beziehung zwischen Hermann Göring und der Schauspielerin, die mit klassischen Rollen wie »Gretchen« in Faust bekannt geworden war, dichter. Zuweilen nahm Göring eine seiner Karten mit der Aufschrift »Der Präsident des Deutschen Reichstages« und schrieb darauf: »Ich liebe Dich, H.«

Und im Frühjahr 1935 schrieb Hitlers mächtigster Minister auf ein Stück Papier: »Magst Du mich Ostern heiraten? Der Führer ist unser Trauzeuge.«

Am 9. März 1935 wurde die Verlobung zwischen Hermann Wilhelm Göring und Emmy Sonnemann offiziell bekanntgegeben. Göring lud das gesamte diplomatische Corps der Reichshauptstadt ein, um der Welt seine Braut vorzustellen. Der britische Botschafter in Berlin schrieb am Tage nach dem Fest an sein Außenministerium: »General Göring setzte die Reihe der üppigen Festbankette fort, die der verstorbene Hauptmann Röhm im Februar 1934 begonnen hatte und die am 30. Juni durch das ›Blutbad‹ jäh unterbrochen worden waren.«

Der Brite berichtete weiter: »Das Dinner wurde in dem mit wertvollen Gobelins ausgestatteten und prächtig illuminierten weißen Marmorsaal serviert. Ein unsichtbares Streichorchester spielte während des Essens. Unser Gastgeber teilte uns mit, er habe die Absicht, ein etwa 50 Meter langes Schwimmbecken bauen zu lassen (auch Hauptmann Röhm hatte diese Absicht gehabt, wurde jedoch am 30. Juni ebenso wie andere Unglückliche plötzlich daran gehindert). Meiner Frau erklärte er in einem Ton, als wolle er sich dafür entschuldigen, er heirate Frau Sonnemann nur auf Geheiß des Führers, der die Auffassung vertrete, es gäbe unter den hohen nationalsozialistischen Parteifunktionären zu viele Junggesellen. Frau Sonnemann, neben der zu sitzen ich den Vorzug hatte und die in schlichter und charmanter Art die Honneurs machte, teilte uns indessen mit leichtem Bedauern mit, daß sie sich von der Bühne zurückziehen werde. Das Publikum wird diese Nachricht mit Fassung aufnehmen, denn man hat mir versichert, Frau Sonnemann besitze auch nicht eine Spur schauspielerischen Talents.«

Sir Eric Phipps ließ keine Einzelheit aus: »Nach dem Dinner führte General Göring den französischen Botschafter und mich durch seine weitläufige Residenz und zeigte uns eine Reihe großartiger Gemälde alter Meister, die er sich, wie er stolz erklärte, aus dem Kaiser-Friedrich-Museum besorgt habe... Nach einem von den besten Sängern der Staatsoper gegebenen Konzert folgten zwei Filme über das Leben der Hirsche in der Schorfheide. Darin erinnerte uns der mit dem bereits bekannten Lederwams bekleidete Gastgeber, den wir im Wotanzimmer von Carinhall mit seiner Harpune in bequemer Reichweite sitzend entdeckten, an die Reklamefigur der Reifenfirma Michelin. Dann hatten wir das eigenartige und doppelte Vergnügen, seinen Vortrag und zugleich seine Mikrofonstimme zu hören, mit der er begeistert über das Leben im urigen deutschen Walde sprach.«

Görings Freunde und alle Menschen in Deutschland, die den zweitmächtigsten Mann im NS-Staat günstig stimmen wollten, schickten Hochzeitsgeschenke nach Berlin. Die Braut berichtete über den Vorabend in Hochstimmung: »Die bisher eingegangenen Geschenke füllen zwei große Räume. Von allen Ländern, von offizieller wie privater Seite sind herrliche Kostbarkeiten angekommen. Vom bulgarischen Zaren für mich ein wunderschönes Saphirarmband; von der Stadt Hamburg ein silbernes Segelschiff, wie ich es als Kind im Rathaus bei Schulbesichtigungen oftmals sah.«

Die IG-Farben (der deutsche Chemiekonzern) sandte ein paar herrliche Exemplare aus ihrer ersten Produktion synthetischer Edelsteine, und zahllose einfache Leute schickten Stöße von verschiedenen Handarbeiten wie selbstgestrickte Schals, Topflappen und Deckchen. Jeder nach seinem Stand: Die Reichsbauernschaft schenkte Schinken und Würste, der Gau Ostpreußen Schwarzbrot auf einem Renaissance-Teller, die Krupp-Werke ein Tischbesteck für 60 Personen und die Jägerschaft Sachsen einen kostbaren Degen.

Der Reichskanzler Hitler schickte dem Paar ein vom Lehmbach gemaltes Porträt des Reichskanzlers Otto Fürst von Bismarck. Der Bräutigam überreichte seiner Braut ein Diadem, das mit Amethysten und Diamanten besetzt war.

Die Hochzeit war auf den 10. April 1935 anberaumt. Emmy Sonnemann und Hermann Göring wurden in Berlin im Rathaus getraut. Die kirchliche Trauung im Berliner Dom wurde von Reichsbischof Ludwig Müller vorgenommen. Für Zuschauer im Dom wurden Eintrittskarten ausgegeben. Sie kosteten 20 Reichsmark. Bischof Müller predigte über das Bibelwort: »... und redete ich mit Menschen- und mit Engelszungen und hätte die Liebe nicht, so wäre ich ein tönend Erz oder eine klingende Schelle.«

Hermann Göring trug seine Uniform als General der Luftwaffe. Sie war mit weißen Litzen besetzt. Die Hosen waren an den Seiten gestreift, seinen Rock schmückten große weiße Schwingen.

Ein Göring-Wort aus jenen Tagen weist auch aus, wie sehr der ehemalige Kriegsheld bereits dem Mann verfallen war, dem er seinen Aufstieg und sein Leben in Luxus verdankte: »Ich habe kein Gewissen! Mein Gewissen heißt Adolf Hitler!« Hinter solchen Bekenntnissen stand ein Bekenntnis: »Wer nur irgendwie die Verhältnisse bei uns kennt«, formulierte Göring, »weiß, daß jeder von uns genauso viel Macht besitzt, als der Führer ihm zu geben wünscht. Und nur mit dem Führer und hinter ihm stehend, ist man tatsächlich mächtig und hält die starken Machtmittel des Staates in der Hand, aber gegen seinen Willen, ja auch nur ohne seinen Wunsch, wäre man im gleichen Augenblick vollständig machtlos. Ein Wort des Führers, und jeder stürzt, den er beseitigt zu sehen wünscht. Sein Ansehen, seine Autorität sind grenzenlos.«

In den Straßen standen 30 000 Angehörige der SS und SA Spalier. Der britische Botschafter Sir Eric Phipps berichtete auch über diesen Tag seinem Außenministerium in London: »Ein Fremder, der nach Berlin kam, hätte denken können, die Monarchie sei wieder eingeführt worden und er erlebe die Vorbereitungen für die Hochzeit eines Angehörigen des Königshauses. Die Straßen waren geschmückt, in der Innenstadt stand der Verkehr still. Hunderte von Militärflugzeugen kreisten über der Stadt. Hitler saß während der Trauung auf einem Sessel vor den Stufen des Altars. Er küßte Emmy Sonnemann die Hand und begrüßte Göring mit Handschlag. Vier Mädel in rosa Kleidern gingen der Braut voraus, zwei Hitlerjungen trugen die Schleppe der Braut.« Botschafter Phipps unter dem Eindruck dieses Tages: »So scheint General Göring seinen absoluten Höhepunkt seiner stolzen Karriere erreicht zu haben. Ich kann mir nicht vorstellen, daß er in seinem Größenwahn noch Höheres anstreben könnte – wenn nicht den Thron... es sei denn das Schafott.«

Hitler reichte seinem Kampfgefährten Göring die Gründe für Größenwahn nach. Im Jahre 1936 wuchs Görings Macht über alles Maß hinaus. Der Chef des Dritten Reiches ernannte ihn zum Bevollmächtigten für den Vierjahresplan; zu dem Mann, der den NS-Staat kriegsbereit machen sollte. Im Frühjahr 1936 erschien das Deutsche Reich seinen europäischen Nachbarn schon wieder so stark, daß weder Frankreich noch England irgend etwas unternahmen, um die Wehrmacht an der Besetzung des neutralisierten Rheinlands zu hindern. Drei Wochen später stimmten 98,8 Prozent der Wahlberechtigten mit »Ja« für Hitlers Politik.

Göring rüstete auf. Panzer, Flugzeuge, Kanonen. Dem Volk schrie er in seinen Reden zu: »Niemals mehr darf uns eine fremde Hand die Kehle zudrücken. Eine große Zeit braucht eine große Nation.«

Dann drohte er über die Grenzen hinweg: »Gewisse Leute im Ausland sind sehr schwerhörig. Sie wollen nur hören, wenn die Kanonen sprechen. Wir werden diese Kanonen bauen. Wir haben keine Butter, aber ich frage sie, was ist ihnen lieber, Butter oder Kanonen? Sollen wir Fett oder Eisenerz importieren? Ich sage ihnen, wenn wir gerüstet sind, dann sind wir stark.«

Bei der Aufrüstung des Dritten Reiches stützte sich Hermann Göring auf drei Männer, die er seit vielen Jahren kannte. Zwei davon waren enge Freunde. Einer war Paul Körner, genannt Filli, der wie Göring Offizier im Ersten Weltkrieg gewesen war und nun Staatssekretär im Rüstungsministerium wurde. Der andere war Ernst Udet, Deutschlands erfolgreichster Kampfflieger im Ersten Weltkrieg und Görings Geschwaderkamerad bei den Luftkämpfen über Flandern, Ihn ernannte Göring zum Leiter der technischen Abteilung des Luftfahrtministeriums.

Der dritte schließlich war Erhard Milch, der in der Zeit der Weimarer Republik Direktor der Lufthansa gewesen war. Milch hatte in den Augen der Nationalsozialisten einen Makel, der ihn eigentlich von jedem Staatsamt ausschloß: Sein Vater war Jude. Aber seine Qualifikation war so groß, daß Göring nicht auf seine Mitarbeit verzichten wollte.

So blieb Göring nur ein Weg: Er mußte Milch zum Arier machen. Die noch lebende Mutter Milchs wurde mit Drohungen und Versprechungen dazu bewogen, eine eidesstattliche Erklärung abzugeben, in der es hieß, daß Erhard Milch nicht von ihrem Ehemann gezeugt worden sei. Vielmehr sei er Frucht ihrer ehebrecherischen Beziehung zu Baron Hermann von Bier. In der Folge erwies sich der Halbjude Milch als erbitterter Antisemit.

In jenen ersten Jahren des Dritten Reiches, als Hermann Göring die deutsche Armee mit modernen Waffen versorgte, die damals modernste Luftwaffe der Welt aufbaute, die Rüstungsproduktion auf volle Touren brachte und gleichzeitig die letzten Reste von Arbeitslosigkeit im Deutschen Reich beseitigte, war er gewiß einer der populärsten Nationalsozialisten im Deutschen Reich überhaupt. Vor dem Gericht in Nürnberg beschrieb Göring, viele Jahre später, stolz seine Rolle im Dritten Reich: »Ich war der einzige Mann in Deutschland, der eigene, keine abgeleitete Autorität hatte. Das Volk will nun einmal lieben, und der Führer stand oft der großen Menge zu fern. Da hielt man sich an mich.«

Internationale Achtung aber blieb ihm verwehrt. Gelegentlich mußte er Demütigungen einstecken. Am 12. Mai 1937 wurde in London König George VI. gekrönt. Hermann Göring sollte das Deutsche Reich bei der Feierlichkeit vertreten – eine Aufgabe, auf die er sich Wochen im voraus schon freute. Doch die Labourabgeordnete Ellen Wilkinson verlangte im englischen Unterhaus von der Regierung, Göring müsse die Erlaubnis, England zu besuchen, verweigert werden. Sie nannte ihn einen »Mann mit blutbefleckten Stiefeln«.

Göring flog trotzdem nach England. Nur die Polizei und das Auswärtige Amt in London erfuhren von seinem Besuch. Hitlers Botschafter in Großbritannien, Joachim von Ribbentrop, bewegte Göring dazu, sich nicht öffentlich zu zeigen und wieder nach Berlin zu fliegen. Göring grollte, aber er flog. Gleichwohl machte er sich daran, seine Beziehungen zu Großbritannien zu pflegen und zu verbessern. Im Oktober 1937 besuchten der Herzog und die Herzogin von Windsor Göring in Carinhall. Ihnen führte Hitlers bester Mann seine Modelleisenbahn vor.

Er hatte das Spielzeug inzwischen verfeinern lassen. Ein kleines Flugzeug schwebte über der Anlage und warf kleine Holzbomben ab – auf einen Modellzug, der der französischen Eisenbahn nachgebildet war.

Aber je einflußreicher Hermann Göring war, desto mehr kettete er sich an Adolf Hitler, dem er all seine eigene Macht und Herrlichkeit zuschrieb. Er führte widerspruchslos Hitlers Befehle aus, selbst wenn er von ihrer

Absurdität überzeugt war. Und er zeigte Symptome nahezu sklavischer Untertänigkeit gegenüber dem Führer des Dritten Reiches.

Eines Tages, Göring war gerade in der Sauna, wurde er ans Telefon gerufen. Göring war nackt und schweißbedeckt. Das Gespräch dauerte zwei Stunden. Thema war der Einmarsch der deutschen Armee in Österreich. Göring wagte es nicht, es auch nur für den kurzen Augenblick zu unterbrechen, der nötig gewesen wäre, um einen Bademantel überzuziehen.

Die Folgen dieses Telefongespräches für Göring: Er bekam heftige Zahnschmerzen, und sein Arzt verschrieb ihm Tabletten, die Morphium enthielten. Von Stund an war er wieder süchtig – wie in den ersten Jahren nach der Hodenverletzung beim Marsch auf die Feldherrnhalle in München.

Der Kölner Professor Kahle beschrieb den Zustand von Rauschgiftsüchtigen so: Das Nervensystem gerät in große Erregung. Puls und Atem sind unregelmäßig. Bestimmte Drüsen zeigen eine Überfunktion, und es ermutigt zu unbestimmten Gewaltausbrechungen. Sobald der Süchtige das Rauschgift wieder zu sich nimmt, verschwinden diese Symptome, und der Patient hat zeitweise Ruhe, die aber tatsächlich nur eine künstliche Form der Beruhigung seiner nervösen und seiner Drüsenstörung ist. Wird einem Süchtigen das Rauschgift vorenthalten, dann leidet er an den heftigsten Entziehungssymptomen wie Durchfall, Übelkeit und Erbrechen, beschleunigter Puls und beschleunigter Atem, Speichelfluß und Gliederschmerzen. Ohne Schlafmittel kann er kaum schlafen.

In Deutschland liefen alsbald Flüsternachrichten über die Leidenschaft des Naziführers Hermann Göring für Rauschgifte. Göring versuchte, den schlechten Eindruck zu verwischen. Er machte Schwitzkuren in einer Sauna und ließ sich beim Tennisspiel fotografieren. Von seinen Partnern beim Tennis verlangte er allerdings, daß sie Tennis genauso spielten, wie er es wünschte: Der vom Gegner gespielte Ball mußte in der Nähe des fettleibigen und kurzatmigen Göring auftreffen, so daß er keinen Schritt zu machen brauchte. Wenn ein Ball so geschlagen wurde, daß er ihn aus dem Stand nicht erreichen konnte, herrschte er über das Netz den Partner mit dröhnender Stimme an: »Können Sie nicht sehen, wo ich stehe?«

Doch diese Eigenarten trugen in jenen Jahren dazu bei, Görings Popularität zu mehren. Neben den eiskalten Naziführern Goebbels und Himmler mußte Göring den Deutschen geradezu menschlich erscheinen. Zugleich aber war er in jenen Jahren auch einer der gefährlichsten Deutschen. Er, der im Jahre 1937 General der Infanterie, Reichsluftfahrtminister, Reichstagspräsident und Bevollmächtigter für den Vierjahresplan und damit Herrscher über die gesamte deutsche Wirtschaft war, strebte danach, noch mehr Macht in seinen Händen zu vereinigen. Dieser Machthunger soll ihn zu zwei Aktionen getrieben haben, die zur Entmachtung von zwei hohen deutschen Offizieren führten, die den Nationalsozialisten im Wege standen. Im fünften Jahr der nationalsozialistischen Herrschaft in Deutschland war die mächtigste Institution des Dritten Reiches dem direkten Zugriff der Partei immer noch entzogen: die Reichswehr. An ihrer

Spitze stand der General Werner von Blomberg. Er war Oberkommandierender und gleichzeitig Reichskriegsminister. Oberbefehlshaber des Heeres war General Freiherr von Fritsch.

Eines Tages erschien General Werner von Blomberg bei Göring und erklärte ihm, er wolle sich wieder verheiraten. Seine Frau sei 30 Jahre jünger. Blomberg wußte nicht, was Göring wahrscheinlich schon zum Zeitpunkt dieses Gespräches zwischen ihm und dem Oberkommandierenden wußte: Die Braut des Generals war in mehreren deutschen Städten polizeibekannt und vorbestraft wegen des Vertriebs pornographischer Fotos und Schriften. Minister Göring erklärte dem General, er würde gern als Trauzeuge zur Verfügung stehen und auch Kanzler Hitler dafür gewinnen wollen. So geschah es.

Doch unmittelbar nach der Heirat des Generals mit der Dame wurde das Vorleben der jungen Frau im deutschen Offizierscorps bekannt. Blomberg nahm seinen Abschied. Natürlicher Nachfolger wäre Generaloberst von Fritsch gewesen. Doch Heinrich Himmler, Chef der Geheimen Staatspolizei, zog aus seinem Schreibtisch eine Akte, aus der sich zu ergeben schien, daß General von Fritsch homosexuell war. Der Zeuge für diese Behauptung hatte einen Meineid geschworen. Fritsch wurde wegen erwiesener Unschuld freigesprochen, gleichwohl sollte er nicht mehr Oberbefehlshaber der deutschen Wehrmacht werden.

Der Weg schien frei für Hermann Göring. Er rechnete damit, daß Hitler seinen unermüdlichen Einsatz für die Aufrüstung mit dem Amt des Oberbefehlshabers der deutschen Wehrmacht belohnen würde. Damit wäre Göring so mächtig gewesen wie Hitler selbst, vielleicht sogar noch mächtiger.

Doch Hitler ernannte sich selbst zum obersten Befehlshaber der Wehrmacht. Für Göring blieb nur ein bißchen Flitter. Adolf Hitler machte ihn zum Feldmarschall. Hermann Göring tröstete sich mit der Aussicht auf privates Glück über seine Enttäuschung hinweg. Emmy Göring war schwanger geworden.

Diese Schwangerschaft allerdings brachte den Minister Göring ins Gerede. Von der Hodenverletzung, die er beim Marsch auf die Feldherrnhalle erlitten hatte, war während des Aufstiegs von Hermann Göring im NS-Staat nie mehr die Rede gewesen. Nun aber zeigte sich, daß mächtige Männer in der Führung des Dritten Reiches, so SS-Chef Himmler, über die Art von Görings Verwundung genau informiert waren. Himmlers Agenten machten sich sogar auf die Suche nach einem Arzt, von dem sie vermuteten, er habe bei Emmy Göring eine künstliche Befruchtung vorgenommen. Gefunden haben sie ihn nie, und sie fanden auch keinen Anhaltspunkt für diese Unterstellung.

Der SS-General Wolff, Adjutant von Himmler, vermutete, daß Unterlagen über Görings Verletzung und ihre Folgen in dem riesigen Panzerschrank aufbewahrt waren, der in Himmlers Amtszimmer stand. Dieser Schrank war in zwei Etagen aufgeteilt. Zur unteren Etage des Panzerschrankes hatte auch Wolff Zugang, in der oberen Etage bewahrte der Herr von Gestapo, SS und Polizei Unterlagen über Hitler, Göring und Goebbels auf.

Nur er allein kannte die Kombination für das Schloß.

Im Gefängnis von Nürnberg erklärte Julius Streicher, der ehemalige Gauleiter von Nürnberg und Chef des antijüdischen Hetzblattes »Der Stürmer«: »Ach, der Göring! Er vollzog sogar seine Ehe nicht richtig. Ja, ich weiß, Göring und kein anderer veranlaßte, daß ich 1940 aus meinem Amt als Gauleiter hinausflog wegen dieser Geschichte, daß sein Kind ein Baby aus der Retorte sei. Aber ich kann nicht anders. Ich muß das sagen, was ich für die Wahrheit halte.«

Am 2. Juni 1938 brachte Emmy Göring eine Tochter zur Welt. Die Eltern gaben ihr den Namen Edda. Hitler übernahm die Patenschaft.

Der Chef des Dritten Reiches hatte Grund, Hermann Göring dankbar zu sein. Göring hatte Deutschland so weit aufgerüstet, daß die Nachbarn in Furcht erstarrten. Keiner fiel Hitler in den Arm, als er im Frühjahr 1938 Österreich in das Deutsche Reich eingliederte.

Am Abend des 13. März 1938, als die Nationalsozialisten die Macht in Österreich übernommen hatten, sprach Hermann Göring am Telefon mit dem deutschen Botschafter in London, Joachim von Ribbentrop.

Göring: »In Österreich herrscht überwältigende Begeisterung – Sie können ja über Radio mithören!«

Ribbentrop: »Ja, wirklich phantastisch.«

Göring: »Ja, der Einmarsch ins Rheinland ist völlig in den Schatten gestellt worden. Der Führer war tief bewegt, als er gestern abend sprach… Na ja, die Geschichte, daß wir ein Ultimatum gestellt hätten, ist dummes Gewäsch. Vom ersten Augenblick an haben die nationalsozialistischen Minister und die Volksvertreter das Ultimatum präsentiert... Weil Österreichs Bundeskanzler Schuschnigg erklärt hatte, die vaterländische Front würde bis zum letzten Mann kämpfen, denn er konnte ja nicht wissen, daß sie bis zum letzten Mann kapitulieren würde – da hat uns also Seyß-Inquart gebeten, als er die Regierung übernommen hatte, sofort einzumarschieren... Das sind alles Tatsachen, die dokumentarisch belegt werden können... Der größte Trick, der je gespielt wurde, ist hier gespielt worden.«

Unmittelbar nach der Besetzung des Landes durch die deutsche Wehrmacht begann auch in Wien, in den anderen Städten und auf dem Lande die Judenverfolgung. In Wien hielt General Göring, der einem Halbjuden seine Erziehung und zwei jüdischen Frauen sein Leben verdankte, als sie ihn nach seiner Verletzung in München medizinisch versorgten, eine Rede: »Die Stadt Wien kann sich heute nicht mehr mit gutem Recht eine deutsche Stadt nennen. Wo heute 300 000 Juden leben, kann man nicht mehr von einer deutschen Stadt sprechen... Die Juden müssen sich über eines klarwerden: Sie müssen verschwinden.«

In Deutschland ließen SA und SS im Herbst 1938 jede Rücksicht auf die Meinung der Weltöffentlichkeit fallen. Die jüdischen Staatsbürger in Deutschland wurden vogelfrei. Jüdische Häuser wurden in Brand gesteckt, Geschäfte in Trümmer geschlagen. Männer, Frauen und Kinder wurden in Konzentrationslager gesteckt. Jüdisches Vermögen wanderte in die Hände von Nazis. Göring selbst nahm sich von den Kunstschätzen jüdischer

Sammler in Deutschland und Österreich, was ihm gefiel.

In der Nacht vom 9. auf den 10. November tobte der blinde Haß durch das Deutsche Reich. In der »Kristallnacht« brannten Synagogen. Alle jüdischen Kaufhäuser wurden geplündert. Noch mehr Juden wurden in Konzentrationslager getrieben. 35 Juden starben in dieser Nacht unter den Schlägen und Schüssen der Nazis. Hermann Göring allerdings war nur an dem Schaden interessiert, der der deutschen Volkswirtschaft zugefügt worden war.

Auf einer Parteikonferenz fauchte er: »Mir wäre es lieber gewesen, ihr hättet 200 Juden erschlagen und nicht solche Werte vernichtet.«

Im Sommer 1939 war Adolf Hitlers Szenarium endgültig bereitet. Die deutsche Armee wurde zur stärksten Macht Europas. Görings Rüstungsindustrie hatte vor allem Heer und Luftwaffe mit dem besten Kriegsgerät ausgestattet, das es überhaupt gab.

In München waren die Westmächte vor Hitler zurückgewichen: Der Franzose Daladier und der Brite Neville Chamberlain hatten aus Furcht vor deutschen Panzern und Flugzeugen in die Eingliederung des Sudetenlandes in das Deutsche Reich zugestimmt, und sie hatten keine Hand gerührt, als Hitler auch die sogenannte Rest-Tschechei an sich riß.

Leichte Erfolge hatten die letzten Bedenken in der Führung des Reiches zu Fall gebracht. Spätestens im Herbst 1939, so hatte Hitler beschlossen, wollte Deutschland nach Polen greifen. Er ordnete an, daß die deutschen Streitkräfte am 1. September 1939 einen überraschenden

Schlag gegen Polen führen sollten. Im Sommer 1939 übergab ein deutscher Stahlindustrieller Göring einen Bericht über die Stärke der amerikanischen Industrie. Es hieß darin, daß Amerika England im Kriegsfalle unterstützen würde. Die amerikanische Kriegsindustrie, so führte der Berichterstatter weiter aus, sei überdies weit stärker als die deutsche. Göring spottete über diese Meinung, er fertigte den Übermittler der Botschaft mit der Bemerkung ab: Amerika sei viel zu weit weg.

Doch zur Überraschung seiner Umgebung machte sich Hermann Göring an ein Unternehmen, das niemand von dem Kriegshelden und Aufrüstungsmanager des Dritten Reiches erwartet hatte: Er versuchte, den großen Krieg zu verhindern. Es ist nicht klar, ob ihn die Einsicht in Deutschlands Schwäche trieb oder ein höchst egoistisches Motiv. Im NS-Staat war Hermann Göring zu einem der mächtigsten Männer der Welt geworden. Der verarmte Offizier, der jahrelang vom Geld seiner Frau gelebt hatte, war ein reicher Mann und Großgrundbesitzer. Er führte ein glückliches Familienleben. In diesem Krieg konnte er kaum mehr gewinnen, wohl aber alles verlieren.

Am 5. Juli 1939 saßen im Herrensitz Carinhall Feldmarschall Hermann Göring und der schwedische Industrielle Birger Dahlerus beisammen. Dahlerus, der über erstklassige Beziehungen zu englischen Politikern und Wirtschaftsführern verfügte, bot an, zwischen Deutschland und England zu vermitteln. Er fürchtete, was Hitler nicht glauben mochte, daß nämlich die Briten Polen zu Hilfe kommen würden. Von dieser Auffassung schien der

Schwede auch Hermann Göring überzeugt zu haben. Göring erklärte sich bereit, mit Engländern zusammenzutreffen, um über die Chancen zu reden, den Krieg zwischen den beiden Völkern zu unterbinden. Am 7. August 1939 traf Göring in Schleswig-Holstein mit sieben englischen Großindustriellen zusammen. Er gab ihnen »seine heilige Versicherung als Staatsmann und Offizier«, daß Deutschland nichts weiter wolle als einen Korridor zur deutschen Stadt Danzig. Dann brachte er einen Trinkspruch auf den Frieden aus.

Doch Deutschland und auch Polen setzten ihre Kriegsvorbereitungen fort. Zwei Wochen nach dem Treffen in Schleswig-Holstein, am 23. August 1939, liefen auf einem Flughafen von Berlin die Motoren einer Ju 52 warm. An diesem Morgen wollte Göring nach England fliegen, um dort über den Frieden zu verhandeln. Doch das Flugzeug startete nicht, Hitler hatte Göring den Flug verboten. Acht Tage später, am 1. September 1939, überschritt im Morgengrauen die deutsche Armee die polnische Grenze. Der Zweite Weltkrieg hatte begonnen.

An diesem schwarzen Freitag traf Dahlerus wieder mit Göring zusammen. Der Feldmarschall erklärte, seine Luftwaffe zerschlage in rollenden Angriffen die polnische Luftwaffe. Er selbst sei aber nach wie vor bereit, mit den Engländern über einen Frieden zu sprechen. Unmittelbar nach diesem Gespräch ging Hermann Göring in die Kroll-Oper. Dort erklärte Hitler dem Reichstag, weshalb der Krieg gegen Polen notwendig geworden sei. Hitler bezeichnete sich selbst als »ersten Soldaten des Deutschen Reiches«. Zugleich erklärte er Hermann Göring zu seinem rechtmäßigen Nachfolger. Höher konnte der Kampfflieger des Ersten Weltkrieges nun nicht mehr steigen.

In der Nacht vom 1. auf den 2. September erloschen die Straßenlaternen in Berlin. Fenster wurden mit schwarzem und grünem Papier verhüllt. Die Reichshauptstadt war zum ersten Male verdunkelt.

Der englische Premier Chamberlain stellte dem Deutschen Reich am 3. September ein Ultimatum: Rückzug der Truppen aus Polen oder Krieg.

Wieder stand an diesem Morgen eine Maschine für Hermann Göring in Berlin bereit. Wieder wollte der Marschall nach England fliegen, um zu verhandeln. Dieses Mal gab Adolf Hitler Göring Starterlaubnis. Doch die Engländer verlangten vor einem Gespräch mit Göring eine Antwort Hitlers auf ihr Ultimatum. Die Zeit verstrich.

Um 11.00 Uhr am Sonntag, dem 3. September 1939, erklärte Großbritannien dem Deutschen Reich den Krieg. Hermann Göring verbarg seine Furcht, die er vor einem Vertrauten in die Worte gekleidet hatte: »Wenn wir den Krieg verlieren, dann sei Gott uns gnädig«, öffentlich hinter einer Prahlerei über die Stärke der von ihm geschaffenen Luftwaffe: Deutschland werde keine einzige Bombe abbekommen. »Wenn ein einziges Bombenflugzeug über deutsches Gebiet fliegt, dann will ich nicht mehr Hermann Göring heißen; dann könnt ihr mich Meier nennen.«

Kapitel IV
(1939–1942)

In den ersten Tagen des September 1939 bewies die von Hermann Göring aufgebaute deutsche Luftwaffe, wozu sie fähig war: Bomber zerstörten in rollenden Angriffen polnische Flughäfen und polnische Flugzeuge, bevor sie überhaupt aufsteigen und den Kampf gegen die Deutschen aufnehmen konnten. Jagdflugzeuge vom Typ Messerschmidt Me 109 beherrschten nach kurzer Zeit den polnischen Luftraum, mit heulenden Sirenen und exakt gezielten Bombenabwürfen jagten Sturzkampfbomber vom Typ Ju 87 (Stukas) polnische Bodentruppen in Panik und Flucht.

Der Feldzug gegen Polen dauerte drei Wochen, dann war das Land geschlagen. Die internationale Sprache wurde um ein Wort reicher: Blitzkrieg. Und Hermann Görings Piloten hatten sich als Meister dieser neuen Art von Kampfführung erwiesen.

Hitlers Marschall schwamm auf einer Woge der Zufriedenheit und des Triumphes – eine Zeit, in der er sich großzügige Gesten erlauben konnte. Wenige Tage nach dem Beginn des Krieges sagte er vor deutschen Piloten über seine Kampfesweise im Ersten Weltkrieg: »Wenn ich im Luftkampf stand, dann kämpfte ich bis zum bitteren Ende, aber wenn ich meinen Gegner auf die Knie gezwungen hatte, half ich ihm aufzustehen und gab ihm die Hand.«

Tatsächlich ließ er im September 1939 einen abgeschossenen britischen Aufklärungspiloten zu sich führen, begrüßte ihn freundlich, fragte ihn nach der Stimmung in England und versprach: »Der Krieg wird bald vorbei sein. Weihnachten sind Sie wieder zu Hause.«

Freilich: Das Weihnachtsfest kam und ging, ohne daß sich an der Kriegslage in Europa etwas geändert hatte. Die Gegner sammelten ihre Kräfte für den nächsten Schlag: die Deutschen für den Angriff im Westen, die Briten und Franzosen zur Abwehr der deutschen Kriegsmaschinerie, die ihnen nach dem Sieg in Polen noch furchterregender und unwiderstehlicher erscheinen mußte als zum Zeitpunkt der Kriegserklärung.

Göring, zuständig für die deutsche Kriegswirtschaft, führte die wirtschaftliche Kraft des geschlagenen Polen der deutschen Rüstung zu. Polnische Fremdarbeiter wurden in deutsche Betriebe gezwungen, die Rohstoffe des Landes ausgebeutet, die Ernten für die Ernährung der deutschen Truppen und der deutschen Zivilbevölkerung verbraucht. Göring gab an seine Mitarbeiter die Devise aus: »Wir müssen das Letzte in diesem Krieg herausholen.«

Doch schon in diesem Winter begriff das deutsche Volk, daß dieser Krieg noch viele Blitzkriege brauchen würde, bevor er zu Ende war: Kleiderkarten wurden ausgegeben, die deutsche Wehrmacht besetzte Dänemark und Norwegen, die deutschen Truppen funkten neue Siegesmeldungen nach Berlin. In jenen Tagen erhielt die Reichsführung eine Warnung aus einem Land, das sie damals nicht für voll nehmen mochte: aus den Vereinigten Staaten. US-Präsident Franklin D. Roosevelt schickte einen Sonderbotschafter nach Berlin, Sumner Welles.

Der Amerikaner sprach mit Hitler, Rudolf Heß und dem Reichsaußenminister Joachim von Ribbentrop. Dann fuhr Welles nach Carinhall.

Er legte Göring dar, daß die Amerikaner sich gezwungen sehen könnten, in diesen Krieg einzugreifen, und sicher nicht an der Seite der Deutschen. Feldmarschall Hermann Göring blieb unbeeindruckt. Er führte seinen Besucher durch Carinhall, das gerade wieder einmal erweitert wurde. Er zeigte ihm die Räume und die Gemälde – mit dem Stolz eines Mannes, der weiß, daß sein Besitz auf der ganzen Welt seinesgleichen suchte.

Der Amerikaner blieb kalt. Später schrieb er über das Haus, es sei häßlich und in seiner Protzigkeit geradezu ordinär. Über seinen Gastgeber berichtete Roosevelts Mann, seine Hände seien ihm erschienen wie die »Grabkrallen eines Dachses… Man hatte den Eindruck, daß Görings Gesicht stark geschminkt sei. Da aber die Farbe am Ende unserer Unterhaltung verschwand, war die Rötung wahrscheinlich körperlich bedingt.«

Während dieses Frühjahrs 1940 warteten die deutsche Armee und die deutsche Luftwaffe auf ein neues Angriffssignal aus dem Führerhauptquartier: Sie mußten nicht lange warten. Die westlichen Nachbarn des Reiches, Frankreich, Belgien und die Niederlande, waren Ziel des »Unternehmens Gelb«. Am Morgen des 10. Mai 1940 dröhnte der Himmel über Holland von den Motoren deutscher Transportflugzeuge. Fallschirmjäger sprangen über Amsterdams Flughafen Schiphol ab. Sturzkampfbomber flogen gegen Rotterdam. Görings Jagdflugzeuge verdunkelten die Sonne: Mehr als 3500 Kampfflugzeuge hatte der Marschall für den Angriff im Westen massiert. Vier Tage nach dem Angriff kapitulierten die Niederländer unter den Schlägen der deutschen Luftwaffe, und vier Wochen später kapitulierte Paris. Zuvor aber war der erste Schatten auf den glänzenden Schild der Luftwaffe des Hermann Göring gefallen: Am 24. Mai hatten die deutschen Truppen die Nordarmee der Alliierten, die Briten und Franzosen, bei Dünkirchen eingeschlossen. Deutsche Panzerkeile standen bereit, die Verbände endgültig zu zerschlagen. Aber der Befehl zum weiteren Vormarsch blieb aus.

Der deutsche Generaloberst Halder berichtete über den Grund: Göring hatte Hitler erklärt, seine Luftwaffe allein werde den Gegner erledigen – Bombardement bis zur Kapitulation. Doch die Briten fingen sich nicht in Görings Netz. Das Wetter verschlechterte sich. Die deutschen Bomber und Jagdbomber konnten nicht starten oder ihr Ziel nicht ausmachen.

Und: Zum ersten Mal in diesem Krieg stießen Görings Kampfflieger auf Soldaten und Flugzeuge, die ihnen gewachsen waren.

Englische Spitfires lieferten im Luftraum über Dünkirchen den Deutschen einen Vorgeschmack davon, was alles sie in diesem Kriege noch zu erwarten hatten. Die Briten gewannen die Zeit, die sie brauchten. Auf kleinen und großen Schiffen, auf Fischerbooten und in Kähnen, ja selbst mit Ruderbooten und in Segelyachten machten sich die Engländer davon. Zehn Tage nach der Einschnürung Dünkirchens durch die deutschen Panzer war die britische Evakuierung beendet. Eine ganze Armee war entkommen. Sie setzte nun von englischem Boden aus den Krieg gegen Deutschland fort.

Göring wollte in England nachholen, was in Dünkirchen mißlungen war. Er drang in Hitler, den direkten Angriff auf England sofort zu starten. Seine Flugzeuge, versprach er dem Chef des Dritten Reiches, würden die englische Abwehr zerschmettern. In der nächsten Welle wollte er Fallschirmjäger absetzen, dann sollte eine Landung von Panzern und Bodentruppen erfolgen. Doch Adolf Hitler schob die Entscheidung über die Invasion auf die Insel auf.

Am 19. Juli 1940 erreichte Hermann Wilhelm Göring den Gipfel seiner politischen Laufbahn. Adolf Hitler hatte ihn an diesem Tage zum Reichsmarschall des Großdeutschen Reiches ernannt und ihm zugleich das Großkreuz des Eisernen Kreuzes verliehen. Göring war ranghöchster Offizier der deutschen Wehrmacht geworden. Kein anderer deutscher Soldat erhielt den Orden, den Göring nun am Halse trug. Hitler hatte vor dem Reichstag die Gründe für die Auszeichnung seines Kampfgefährten Hermann Göring genannt: Er erkannte Göring und seiner Luftwaffe einen entscheidenden Anteil am Sieg der deutschen Armeen über Polen und über

Frankreich zu. In den »Deutschen Wehrbeiträgen« erschien wenig später eine genaue Beschreibung der Reichsmarschall-Uniform von Hermann Göring: »Sie hat zwei verschiedene Spiegel. Der linke zeigt zwei gekreuzte, in Gold gestickte Marschallstäbe auf Silberbrokatgrund, der rechte, ebenfalls auf Silberbrokatgrund, einen goldgestickten Reichsadler. Der Kragen ist mit breiter Goldtresse besetzt. Die Farbe von Uniform und Feldbluse ist Graublau.« Göring allerdings ließ sich die Zeichen seiner neuen Würde auf eine weiße Uniform nähen – Weiß liebte er über alle Maßen.

Am Abend des 17. Juli 1940 feierte Göring seine Ernennung zum Reichsmarschall in seiner Wohnung am Leipziger Platz in Berlin. Die Gänseleberpastete stammte aus dem von deutschen Truppen besetzten Paris, der Wodka aus dem von deutschen Truppen besetzten Polen.

Doch dieser 17. Juli 1940, an dem Hermann Göring, nach dem Bericht eines Teilnehmers an der Feier, Freudentränen in den Augen hatte, markierte zugleich den Zeitpunkt, von dem an Hermann Göring begann, zuerst an Einfluß bei Hitler, dann an Ansehen bei seinen Untergebenen und schließlich an Macht zu verlieren.

Hitler hatte an diesem Tag den Engländern ein Friedensangebot gemacht, Großbritanniens Premierminister Winston Churchill hatte es schroff zurückgewiesen. Der Krieg gegen England mußte weitergeführt werden – vor allem aus der Luft. Und in dem Luftkrieg, der nun entbrannte, sollte sich herausstellen, daß Tapferkeit und Tollkühnheit der deutschen Piloten nicht ausreichten,

Versäumnisse wettzumachen, die Göring und sein Stab zu verantworten hatten.

In Belgien und Nordholland hatte Göring die Masse seiner Streitmacht zusammengezogen: Jäger vom Typ Me 109, Kampfbomber vom Typ Me 110 und He 111, Bomber vom Typ Ju 88 und Ju 87, den Stukas: insgesamt 3500 Maschinen. Der Reichsmarschall und Oberbefehlshaber der Luftwaffe schlug sein Hauptquartier in einem Panzerzug auf, der in Nordfrankreich stand, in der Nähe eines Tunnels, in den er bei Luftalarm gefahren werden konnte. Zu diesem Zeitpunkt glaubte der Reichsmarschall auch noch an die Unüberwindlichkeit der Luftwaffe – oder er gab zumindest vor, daran zu glauben.

Göring gab der englischen Küstenverteidigung vier Tage, der Royal Air Force allenfalls vier Wochen, spätestens dann, so versprach er, werde die englische Luftstreitmacht zerstört und verteidigungsunfähig sein. Am 15. August 1940 starteten 1950 deutsche Kampfmaschinen gegen England – aber, wie sich bald erkennen ließ, mit unbefriedigendem Erfolg für die Angreifer. Die englische Abwehr erwies sich als vorzüglich organisiert, der Spitfire-Jäger als wendiger und schneller als die deutsche Me 109, die Stukas, so erfolgreich im Feldzug gegen Polen und Frankreich, zeigten sich als stumpfe Waffe. Sie flogen so langsam, daß die Briten sie in großer Zahl abschießen konnten.

Täglich verlor Göring beim Angriff auf England rund 50 Maschinen, das Dreifache einer Tagesproduktion in den deutschen Rüstungsfabriken: Aus den Hallen der deutschen Flugzeugwerke rollten zu diesem Zeitpunkt monatlich nur 375 Kampfflugzeuge. Schon einen Monat nach dem Beginn der Luftschlacht um England, am 17. September 1940, erklärte Hitler vor dem Oberkommando der Wehrmacht, das Unternehmen Seelöwe, die Invasion der Deutschen in England, sei von ihm auf unbestimmte Zeit verschoben worden: Die Luftwaffe hatte in den Augen des Staatschefs versagt, und Herman Göring mit ihr. Mit privaten Vergnügungen hielt er sich schadlos für die Mißerfolge im Krieg. Er wandte der Front den Rücken. Entschlossen, dem blutigen Waffengang die beste Seite abzugewinnen, verließ er das Hauptquartier immer öfter zu einem Aufenthalt in Carinhall. Während seine Piloten über England vom Himmel fielen, spielte Hitlers Reichsmarschall mit der Modelleisenbahn, die im Keller von Carinhall aufgebaut war – in einem Raum von der Größe eines Tanzsaales: 240 Quadratmeter groß. Keine Zutat fehlte: Städte und Dörfer waren aufgebaut, die Flüsse schlängelten sich durch Wiesen und Felder, durch Täler und ihre Brücken, durchquerten die Tunnel einer grandiosen Miniaturlandschaft, deren Berge von Burgen und Schlössern gekrönt waren. Über der Landschaft kreisten Flugzeuge. Sie warfen Bomben ab, wenn ein Knopf am Schaltpult gedrückt wurde. Die Städte und Dörfer waren von Flakbatterien umgeben. Hier spielte der Reichsmarschall seinen Krieg, und hier gewann er immer. In einem schweren Ledersessel saß er vor dem Schaltpult, und seine dicken, ringgeschmückten Finger spielten in rasendem Tempo an den Knöpfen: Züge fuhren los, bremsten abrupt, und manchmal machte es dem

Chef der Luftwaffe Spaß, Züge krachend zusammenstoßen zu lassen. Göring beschäftigte seit der Errichtung der Eisenbahn einen Techniker ausschließlich mit der Wartung der Anlage.

Auf dieses Wunderwerk der Spielzeugtechnik war Hermann Göring so stolz, daß er es nie versäumte, seine Staatsgäste in den Keller zu führen und sie an den Knöpfen spielen zu lassen. Italiens Diktator Mussolini und sein Außenminister Graf Ciano hatten in dem Sessel vor dem Schaltpult Platz genommen. Ungarns Reichsverweser Horthy und selbst gekrönte Häupter: der König von Bulgarien, der Prinzregent von Jugoslawien und Englands unglücklicher Herzog von Windsor, der auf den britischen Thron verzichtet hatte, um seine Frau, die zweimal geschiedene Amerikanerin Wallis Simpson, zu heiraten.

Görings Fotograf Eitel Lange beschrieb die Szene, in der Japans Ministerpräsident Matsuoka von Göring an die Kommandozentrale der Eisenbahn genötigt wurde:

»›Probieren Sie es‹, ließ Göring ihm aufmunternd durch den Dolmetscher Schmidt sagen, ›Sie waren doch auch der Herr der großen mandschurischen Eisenbahn und müssen damit umgehen können.‹ Und der alte Matsuoka spielte. Niemals in seinem Leben, das sah ich, hatte er so spielen können. Er saß an der Breitseite im roten Sessel und bewegte die Knöpfe. Und wilde Bewegung herrschte in der Miniaturlandschaft, Eisenbahnen surrten schnell dahin, Autos fegten über die Straßen, Flugzeuge schwirrten, und immer schneller und immer entzückter ließ der Asiate das Gewimmel und Gebimmel sich bewegen. Der Reichsmarschall sah hochbefriedigt eine Weile zu, dann hielt er es nicht mehr aus. Auch er machte sich am Schaltbrett zu schaffen, und nun geriet das ganze Gelände in Aufruhr, bis beinahe an allen Stellen Eisenbahnunglücke sich ereigneten. Sie hörten lachend auf zu spielen.«

Ebenso häufig wie in Carinhall aber hielt sich Hermann Göring in jenen ersten Kriegsjahren in Paris auf – und wieder rein privat. Dort war er regelmäßiger Gast im Louvre und anderen berühmten Museen. Der zweitmächtigste Mann des Dritten Reiches war dabei, zum größten privaten Kunstjäger der Welt zu werden.

Schon nach der Besetzung Polens durch die deutschen Truppen hatte Göring begonnen, Kunstschätze des geschlagenen Landes systematisch zu erfassen und Teile davon ins Reich transportieren zu lassen.

In einer Verordnung verfügte die deutsche Besatzungsmacht: »Zu melden sind Gemälde, Skulpturen, antike Möbel, Porzellan, Glas, goldene und silberne Gegenstände, Gobelins, Teppiche, Stickereien, Spitzen, Zeichnungen, Kupferstiche und Holzschnitte, seltene Manuskripte, Noten, Autogramme, Bucheinbände, Miniaturen, Drucke, Waffen, Rüstungen, Münzen, Medaillen, Siegel.«

Hinter diesem Verlangen, Beute zu machen, stand Hermann Göring, dessen Besitzgier durch jedes Bild, das er erwarb, noch gesteigert wurde. Keineswegs alle Gemälde bezahlte er bar: Große jüdische Kunstsammlungen wurden von den Deutschen konfisziert, Göring nahm sich seinen – oft den besten – Teil der Beute.

Er kaufte in Amsterdam und Paris, in Brüssel und in Luxemburg. Er kaufte Gemälde von Lukas Cranach und alte Niederländer, er kaufte Skulpturen und Zeichnungen, sakrale und weltliche Kunst. In nahezu ununterbrochener Folge rollten Eisenbahntransporte mit Kunstschätzen ins Reich – der größte dieser Transporte bestand aus 26 Waggons auf einmal.

Alle diese Gemälde wurden in Görings Herrensitz Carinhall geschafft, den er zugleich immer größer ausbauen ließ: Gebäude, Erker, Türmchen, Balkons, Emporen. In Carinhall wollte Göring die Schätze aufbewahren, bis an seinem 60. Geburtstag – das wäre am 13. Januar 1953 gewesen – ein Göring-Museum eröffnet werden sollte.

Doch: Obwohl Hermann Göring zumeist außerordentlich günstig einkaufte, überstiegen seine Einsätze auf dem Kunstmarkt selbst seine Mittel. Er versteuerte im Jahre 1941 genau 1 285 200 Reichsmark. Vor dem Internationalen Militärtribunal in Nürnberg sagte Hermann Göring über sein Einkommen aus. Danach erhielt er als Reichsmarschall jährlich 240 000 Mark, als Chef der Luftwaffe 43 200 Mark und als Reichstagspräsident 19 200 Mark. Die Masse seines Einkommens aber bezog er aus schriftstellerischen Arbeiten, also Aufsätzen und Reden, die nachgedruckt wurden. Aus dieser Tätigkeit floß ihm jährlich ein Pauschalhonorar von einer Million Reichsmark zu. Göring verdiente aber auch an den Büchern, die über ihn geschrieben wurden. Er sorgte für hohe Auflagen: Die Bücher wurden auf seinen Wunsch hin an die Belegschaft von Großunternehmen verteilt und aus der Firmenkasse bezahlt.

Bei den deutschen Banken jedoch hatte Göring Schulden in Höhe von sieben Millionen Mark. Mancher deutsche Industrielle nutzte Görings Gier nach Geld und Gut auf seine Weise aus: Um sich Vorteile zu verschaffen, beschenkten Wirtschaftsführer den Reichsmarschall mit dem, was er sich wünschte. Vor seinen Geburtstagen oder anderen Jubiläen pflegten Industrielle bei Görings Adjutanten vorsichtig zu fragen, was denn wohl genehm sei. Die Antwort war oft von dieser Art: »Der Herr Reichsmarschall interessiert sich besonders für das Gemälde X, das beim Kunsthändler Y in Z hängt.«

Die Autoindustrie schenkte Göring ein 27 Meter langes Motorboot, dessen Salon mit besonders kostbarem kaukasischem Nußbaumwurzelholz getäfelt war. Das Boot kostete 1,5 Millionen Reichsmark. Mit ihm befuhr der Marschall nahezu alle schiffbaren Gewässer des Reiches (siehe Anhang »Carin II«). Ein Geschenk der Industrie war auch die Nachbildung des Schlosses Sanssouci im Garten von Carinhall, das als Geschenk für Görings Tochter Edda bestimmt war: 50 Meter lang, 3,5 Meter hoch und 6 Meter breit (siehe Anhang Carinhall). Ein Bekannter des Reichsmarschalls, der gerne den Titel eines »Staatsrats« erlangen wollte, schenkte Göring einen Jagdwagen mit vier Pferden und 50 000 Mark in bar. Er wurde Staatsrat.

Gelegentlich ließ sich der Reichsjägermeister Göring zur Jagd in fremde Reviere einladen. Dort vergaß er die Rücksicht, die er in der Schorfheide bei Carinhall seinen eigenen Jagdgästen predigte. In Bayern schoß Göring an drei Tagen zwölf Gemsen. Aus ihren Schwanzquasten ließ sich Göring einen Hutschmuck fertigen – den wohl größten Gamsbart der Welt.

Göring mochte Spender und Gespendetes manchmal schnell vergessen. Im Hintergrund aber saß einer und führte Buch über alles, was ihm zugetragen wurde: Heinrich Himmler, Reichsführer SS. Er sagte zu seinen Mitarbeitern: »Der Reichsmarschall hat Korruption in die saubere Partei getragen.« Himmler ließ sich über jede Art von Sonderlichkeit Görings berichten, so auch über diese. Gelegentlich kleidete sich Hitlers Reichsmarschall genauso wie die Figuren auf den Gemälden der alten Meister, die an den Wänden von Carinhall hingen. Er streifte ein spitzenbesetztes Hemd über, legte darüber eine farbige Samtweste, trug samtene Hosen, die bis zu den Knien reichten, und dazu Schuhe mit goldenen Schnallen. Zuerst wunderten sich nur die Menschen in Görings Umgebung über die Allüren des Mannes, dessen Piloten und Bombenschützen zu Hunderten über England starben. Dann aber drangen Mitteilungen über die Wunderlichkeiten des höchsten deutschen Offiziers in die Führung der Wehrmacht. Göring gab sich nach seiner Ernennung zum Reichsmarschall keinerlei Mühe mehr, drei Schwächen zu verbergen: seine Eitelkeit, sein damit verbundener, nahezu krankhafter Hang zu farbenprächtiger Kleidung und seine Abhängigkeit vom Rauschgift, vom Morphium.

Zu einer Besprechung der Flugzeugproduktion rief Göring Fliegergeneräle und Flugzeugingenieure zu einer Konferenz nach Carinhall. Er begrüßte die Männer in der grünen Tracht des Reichsjägermeisters. Nach 45 Minuten Gespräch unterbrach er die Unterhaltung für 15 Minuten. Er wirkte in diesem Augenblick müde und abgespannt. Als er zurückkehrte, hatte er die Kleidung gewechselt. Er trug nun ein farbenprächtiges Rokokogewand aus reiner Seide. Seine Müdigkeit war verflogen. Er machte Späße und redete unausgesetzt. Wieder 45 Minuten später unterbrach der Reichsmarschall die Konferenz erneut. Wieder kleidete er sich um, er erschien nun in einer weißen römischen Toga. Wieder wirkte er auf unnatürliche Weise erfrischt. Zu diesem Zeitpunkt schluckte Göring täglich 30 Tabletten des morphiumhaltigen Präparates Paracodin.

Über Görings seltsame Erscheinung und Verhaltensweisen berichtete in seinem Tagebuch auch Italiens Außenminister Graf Ciano, der Schwiegersohn des faschistischen Diktators Mussolini: »Göring war nervös, deshalb brachten ihm seine Adjutanten eine mit Diamanten gefüllte Schale. Er stellte sie auf den Tisch, zählte die Steine, legte sie in eine Reihe und brachte sie wieder durcheinander. Dabei wurde er vollständig ruhig. Am Abend zuvor sagte mir einer seiner Offiziere: Er liebt zwei Dinge – schöne Gegenstände und Kriegführen. Beides sind kostspielige Liebhabereien. Bei der Ankunft trug er einen umfangreichen Zobelpelz, ein Mittelding zwischen dem Anzug eines Autofahrers aus dem Jahre 1906 und dem Mantel einer teuren Kurtisane, die in die Oper geht. Er wird in Deutschland nicht nur mit alledem akzeptiert, vielleicht liebt man ihn sogar deswegen. Das liegt wohl daran, daß er doch eine Spur von Menschlichkeit hat.«

Der deutsche Botschafter in Rom, Ulrich von Hassell, berichtete über einen Abend, zu dem er in Görings Carinhall eingeladen war: »Gegen Abend zog Göring sich um und erschien zu Tisch in einem blauvioletten Kimono mit pelzbesetzten Pantoffeln. Schon morgens trug er einen goldenen Degen. Seine Krawattennadel war reich mit Edelsteinen besetzt, und um seinen dicken Körper trug er einen breiten, mit vielen Steinen verzierten Gürtel – ganz zu schweigen von der Pracht und der Zahl der Ringe.«

Und selbst bei tagtäglichen Amtsgeschäften unterzog sich der Reichsmarschall besonderer textiler Bemühungen. Generalmajor Schellenberg, Leiter des Auslandsnachrichtendienstes, berichtet über einen Besuch bei Göring, der der Verschärfung der telefonischen Überwachung in Deutschland und in den besetzten Gebieten diente: Göring, so Schellenberg, hatte sich in eine römische Toga gehüllt, ein langes, auf den Boden reichendes weißes Gewand. An den Füßen trug er Sandalen, in der Hand hielt er seinen Marschallstab. Schellenberg redete, der Marschall spielte unterdessen mit Perlen und Juwelen. Mancher von Görings Gesprächspartnern aber täuschte sich. Der schwergewichtige, kostümierte Mann in dem Sessel von Carinhall hatte nichts von seiner alten Machtbesessenheit und mörderischen Entschlußkraft verloren.

Am 31. Juli 1941 trug Hermann Göring seine graublaue Arbeitsuniform. Und an diesem Tage unterzeichnete er den Befehl, in dem das seitdem schrecklichste Wort der deutschen Sprache enthalten ist: Göring beauftragte den

SS-Gruppenführer Reinhard Heydrich mit der Endlösung der Judenfrage. Sechs Monate später, Anfang 1942, berief Heydrich die sogenannte Wannsee-Konferenz ein, in der er die technischen Einzelheiten der Judenvernichtung organisierte. Unter den Teilnehmern befand sich Görings Staatssekretär Ernst Naumann – sein Chef, »der einzige nationalsozialistische Führer mit einer Spur von Menschlichkeit«, hat also von allem Anfang an gewußt, welche Ungeheuerlichkeit geplant war und ausgeführt wurde.

Zu diesem Zeitpunkt allerdings war Göring schon nicht mehr in der Lage, den Lauf der Tötungs- und Vernichtungsmaschinerie des Dritten Reiches zu beeinflussen. Noch siegte Deutschland, aber Hermann Göring war schon ein Verlierer.

Am 10. Mai 1941 war Rudolf Heß, der Stellvertreter des Führers, mit einer Messerschmitt 109 nach England geflogen und über der Insel abgesprungen.

Ein Zeuge berichtete, daß Hitler in dem Augenblick Göring zu sich rufen ließ, als die Flucht von Heß bekannt wurde. Hitler zu Göring: »Ihre Luftwaffe hat Heß nach England geflogen, das werden Sie zu bezahlen haben.« Hitler fragte seinen Marschall: »Wird er es schaffen? Sagen Sie mir Ihre Meinung als Flieger? Schafft er es?« Hermann Göring antwortete, die Chancen stünden fifty-fifty. Daraufhin sagte Hitler: »Also, Englisch sprechen Sie auch schon.«

An die Stelle von Heß rückte Martin Bormann, anders als Heß ein verschworener Feind Görings. Der Parteibürokrat, der rasch starken Einfluß auf Adolf Hitler gewann, konnte den Reichsmarschall nicht ausstehen — wegen seiner Manieren nicht, wegen der Freundschaft nicht, die Hitler und Göring immer noch zu verbinden schien, und wegen des Prunkes nicht, den Hitlers Kampfgefährte in Carinhall vorführte.

Bald sollte es Görings Feinden in Hitlers Umgebung leichtfallen, das Ansehen des Reichsmarschalls zu zerpflücken: Die deutsche Luftwaffe und ihr Schöpfer vermochten die Anforderungen nicht zu erfüllen, die der Herr des Dritten Reiches an sie stellte: Im Osten brachten sie die Offensive nicht voran, und in Deutschland bereiteten ihnen die alliierten Bomberverbände von Nacht zu Nacht schwerere Niederlagen.

Vor dem Angriff auf Rußland freilich hatte Hermann Göring Hitler eindringlich gewarnt. Der Reichsmarschall wollte erst England zur Kapitulation zwingen und dann gegen Rußland marschieren. Hitler hingegen glaubte, daß Rußland schneller zu besiegen sein würde als England und dieses nach einem Zusammenbruch der Sowjetunion klein beigeben würde.

Zu jenem Zeitpunkt, als Hitler den Krieg gegen Rußland befahl, den Krieg, der mehr als alles andere die Weltkarte veränderte und die Schicksale der Völker in neue Richtungen getrieben hat, war Hermann Göring schon nicht mehr ein Partner für den Herrn des Dritten Reiches, er war zum Werkzeug, zum willenlosen Befehlsempfänger herabgesunken. Er selbst hat über sein Verhältnis zu Hitler eingestanden: »Jedesmal, wenn ich ihm gegenüberstehe, fällt mir das Herz in die Hose.« Und nach einer besonders strapaziösen Unterredung mit Hitler sagte er: »Ich konnte erst gegen Mitternacht wieder was essen, da ich mich sonst in meiner Erregung hätte erbrechen müssen. Wenn ich gegen 9.00 Uhr nach Carinhall zurückgekommen war, mußte ich tatsächlich erst einige Stunden im Stuhl sitzen, um mich wieder zu beruhigen. Dieses Verhältnis ist für mich geradezu zu einer seelischen Prostitution geworden.« Seiner Frau Emmy, die ihn fragte, warum er immer widerspruchslos »Ja« sagte, berichtete Hermann Göring: »Adolf Hitler ist nun einmal der Führer.«

So machte Hermann Göring sich auch in der Frage des Unternehmens Barbarossa Hitlers Meinung zu eigen – zumindest nach außen hin. Fliegergeneral Adolf Galland berichtete über ein Gespräch mit Göring, in dem der Reichsmarschall dem General den Angriffsplan gegen Rußland mitteilte: »Ich war wie vor den Kopf geschlagen und machte aus meinen Bedenken keinen Hehl. Aber ich stand mit meiner Ansicht allein. Die Luftwaffe, sagte Hermann Göring, werde im Osten neuen, unvergänglichen Ruhm an ihre Fahnen heften. Die roten Flieger seien zwar zahlenmäßig stark, aber personell und technisch hoffnungslos unterlegen. Man brauchte von einem Verband nur den Führer abzuschießen, dann fänden die restlichen Analphabeten nicht mehr nach Hause.

Sie könnten dann wie Tontauben auf dem Schießstand heruntergeholt werden... In zwei oder höchstens drei Monaten würde der russische Koloß zerschmettert sein. Dann würden wir uns mit allem, was wir hätten, nach Westen wenden, verstärkt durch die unendlichen strategischen Hilfsquellen des roten Riesenreiches, und die vermehrte Kraft dem Gegner im Westen entgegenwerfen. Der Führer könne den Kampf gegen England nicht mit vollem Einsatz führen, solange er im Rücken von einer Macht bedroht sei, an deren offensiv feindlichen Absicht man nicht mehr zweifeln dürfte.« Soweit Göring zu Galland.

Am 22. Juni 1941 begann Hitler das Unternehmen Barbarossa, den Angriff auf Rußland. Die deutschen Armeen rollten auf breiter Front voran. Nach wenigen Wochen standen deutsche Panzerspitzen nur noch 400 Kilometer von Moskau entfernt. Die Belagerung von Leningrad begann. Kiew wurde genommen.

Hermann Göring machte sich in diesen Monaten, in denen der Sieg über Stalins Riesenreich greifbar nahe schien, vor allem Gedanken über die Behandlung der Bevölkerung in den eroberten Gebieten.

Unmittelbar vor dem Angriff auf die Sowjetunion hatte der Reichsmarschall verkündet: »Der Krieg kann nur fortgesetzt werden, wenn alle Streitkräfte im dritten Kriegsjahr durch Rußland ernährt werden. Das Resultat wird ohne Zweifel sein, daß viele Millionen Menschen an Hunger sterben werden, wenn wir aus dem Lande herausholen, was wir brauchen.« Dem italienischen Außenminister Ciano erzählte Göring, daß allein 1942 in Rußland zwischen 20 und 30 Millionen Menschen an Hunger sterben müßten.

Später schärfte Göring den nationalsozialistischen Funktionären in den besetzten Ostgebieten ein: »Gott weiß, daß Sie nicht hinausgeschickt worden sind, um für die Wohlfahrt zu arbeiten oder darum, das deutsche Volk draußen beliebt zu machen. Sie haben das möglichste herauszuholen, damit das deutsche Volk leben kann. Es ist mir egal, ob andere Völker dabei verhungern. Es scheint mir, daß das Ganze früher eine verflixt einfache Sache war. Man nannte das einfach ausplündern. Was erobert worden war, wurde eben weggeschafft. Heute hat das alles einen höchst anständigen Anstrich bekommen, und dessen eingedenk beabsichtige ich, zu plündern – aber anständig...«

Doch während die Armee im Osten noch nach vorne stürmte und Göring sich damit befaßte, wie die ungeheure Beute sicherzustellen sei, zeichnete sich über Deutschland bereits die Niederlage des Reichsmarschalls ab. Englische Bomberverbände griffen immer häufiger und mit immer schwereren Schlägen an. Deutsche Städte brannten. Göring versuchte den Bombenopfern in Deutschland mit dem Versprechen von Rache aus Angst und Verzweiflung herauszuhelfen: »Ich weiß, daß es für euch unendlich schwer ist, diese Schäden zu erleiden und auch um die Familie sorgen zu müssen. Aber vergeßt nicht, daß als Vergeltung für jede 20 oder 30 britische Kampfflugzeuge, die hier einfallen, 500 bis 700 Luftwaffenflugzeuge England angreifen!«

Doch Göring log. Zu diesem Zeitpunkt verfügte die Luftwaffe schon nicht mehr über Flugzeuge genug, um Görings Versicherung auch nur hin und wieder wahrmachen zu können. Die Briten, zu Anfang des Krieges der deutschen Luftwaffe zahlenmäßig stark unterlegen, hatten schnell gleichgezogen und die Streitmacht des Reichsmarschalls inzwischen überholt.

In dieser Situation opferte Göring einen seiner engsten Freunde dem eigenen Überleben: Ernst Udet, 1918 Jagdflieger im Geschwader Richthofen, ein Held des Ersten Weltkrieges wie Göring selbst. Göring hatte Udet in sein Luftfahrtministerium geholt und ihn mit der Organisation des Flugzeugbaus und des Nachschubs für die Luftwaffe beauftragt. Aber Udet versagte – die Rüstung der Luftwaffe blieb weit hinter den Plänen und den Erfordernissen des Krieges zurück. Göring, Reichsluftfahrtminister, trug an diesem Fehlschlag soviel Schuld wie Udet selbst. Aber er schob alle Verantwortung dem Kameraden Udet zu. In einer Unterredung beschimpfte er ihn als Lügner, Großmaul und Nichtskönner.

Görings Fotograf Eitel Lange berichtete über eine Begegnung, die er in jenen Tagen mit Udet hatte. Ernst Udet nannte Göring noch immer so, wie er von seinen Kameraden im Ersten Weltkrieg gerühmt worden war: »Der Eiserne.« Zu Lange sagte Udet: »Ich habe ein piekfeines Programm. Ich habe immer ein piekfeines Programm. Daß ich nicht lache. Was nützt mir mein Programm, wenn es beim Eisernen drunter und drüber geht. Heute so und morgen so. Und wenn der Eiserne heute nachmittag vom Führer wiederkommt, ist alles über den Haufen geworfen, was geplant war. Daß ich nicht lache oder besser weine. Ein Wahnsinn!«

Görings Fotograf berichtete weiter: »Udet lächelte müde. Dann legte er die Hände auf den Rücken und ging langsam weiter in den Wald.«

In der Nacht zum 17. November 1941 zog Udet sich in seine Wohnung zurück, trank zwei Flaschen Schnaps aus. Am 18. November 1941, kurz vor 9.30 Uhr morgens, telefonierte er noch einmal mit seiner Freundin. Dann erschoß er sich mit einem Revolver. Auf eine graue Tafel hatte er mit Rotstift geschrieben: »Eiserner, Du hast mich verraten.«

Göring ließ die Meldung verbreiten, Udet sei bei der Erprobung eines neuen Flugzeuges umgekommen. Er ordnete ein Staatsbegräbnis auf dem Invalidenfriedhof in Berlin an. Hitler und Göring nahmen an den Beisetzungsfeierlichkeiten teil. Göring sagte mit gepreßter Stimme: »Ich kann nur sagen, ich habe meinen besten Freund verloren.« Der Fall Udet diente als Vorlage für Carl Zuckmayers Stück »Des Teufels General«.

Im Osten war der deutsche Vormarsch ins Stocken geraten, im Westen zerschlug die britische Luftwaffe deutsche Städte und Fabriken – gleichwohl gingen die Herren des Dritten Reiches daran, sich neues Unheil zu bereiten.

Am 11. Oktober 1941, vier Tage nach dem Angriff japanischer Bombenflugzeuge auf den amerikanischen Flottenhafen Pearl Harbor, erklärte Adolf Hitler im Reichstag in Berlin den Vereinigten Staaten von Amerika den Krieg.

Das Verhältnis der Nationalsozialisten und insbesondere das von Göring zu den Vereinigten Staaten war stets seltsam wirklichkeitsfremd gewesen. So hatte der Reichsmarschall noch wenige Wochen vor der Kriegserklärung mit dem Gedanken gespielt, die Amerikaner um Nahrungsmittellieferungen in das von den Deutschen und Italienern besetzte Griechenland zu bitten. Als Walter Schellenberg, Chef des Auslandsnachrichtendienstes,

Göring Zahlen über die amerikanische Rüstungsproduktion unterbreitete, fluchte Göring: »Alles, was Sie da geschrieben haben, ist purer Unsinn. Sie sollten sich von einem Psychiater auf Ihren Geisteszustand prüfen lassen.«

Wenig später sagte er öffentlich: »Es werden astronomische Ziffern von der Produktion der amerikanischen Rüstungsindustrie erzählt. Nun, ich bin der letzte, der diese Industrie unterschätzt. Es steht fest, daß die Amerikaner auf manchem technischen Gebiet Gutes leisten. Wir wissen, daß sie eine Unzahl schneller Wagen erzeugen, und auch die Entwicklung der Rundfunkindustrie gehört zu ihren besonderen Leistungen. Ebenso die Herstellung von Rasierklingen. Aber wir sollten nicht vergessen, daß es in ihrer Sprache ein Wort gibt, das mit großem Anfangsbuchstaben geschrieben wird, nämlich das Wort ›Bluff‹.«

In diesem Winter von 1941 auf 1942, als die Deutschen Feinde sammelten, wo immer sie sie finden konnten, brach der deutsche Vormarsch in Rußland zusammen. Schnee und bittere Kälte packten die für den Winter unzureichend gerüsteten deutschen Soldaten. Im ganzen Deutschen Reich spendete die Bevölkerung für die Ostfront: warme Unterwäsche, Mäntel, Jacken, Handschuhe und Schals.

Auch Göring spendete. Sein Kammerdiener Robert Kropp erzählte, was der Marschall in der Stunde der Not für die kämpfende Truppe erübrigte: »Zwei alte SA-Uniformen, eine Segelmütze und ein Paar Tennisschuhe.« Zu diesem Zeitpunkt besaßen Hermann Göring und seine Frau Emmy 29 Pelzmäntel.

Im Frühjahr des Jahres 1942 schmolz Görings Ansehen bei Hitler dahin wie ein Schneemann im August. An der Ostfront fehlten Maschinen zur Unterstützung der Offensive, die von Infanterie und Panzern vorgetragen wurde. In Deutschland fehlten Maschinen zur Abwehr der Bomberströme, die sich von England in den deutschen Himmel ergossen.

Die Niederlagen der Luftwaffe waren so empfindlich, daß Hermann Göring schließlich seinem Freund Adolf Hitler aus dem Wege ging. Hitler war so enttäuscht von Göring, daß er ihn öffentlich demütigte. Bei Lagebesprechungen im Hauptquartier fragte er wiederholt nach dem abwesenden Göring: »Wo bleibt der Eiserne? Wahrscheinlich ist er damit beschäftigt, wehrlose Hirsche abzuschießen statt britische Flugzeuge.«

In der Nacht vom 30. zum 31. Mai 1942 flogen rund 1000 Bomber der Royal Air Force einen schweren Angriff auf Köln. Sie warfen 1500 Tonnen Bomben ab. Am nächsten Mittag fehlte Göring bei der Lagebesprechung in Hitlers Hauptquartier. Hitler nahm die Meldung des Luftwaffengenerals Jeschonnek entgegen: »Nach den bis jetzt vorliegenden Berichten wissen wir, daß 200 feindliche Flugzeuge unsere Abwehr durchbrochen haben. Der Schaden ist schwer. Wir warten im Augenblick noch auf die endgültigen Zahlen.«

Darauf Hitler: »Sie warten noch auf endgültige Zahlen? Und die Luftwaffe glaubt, daß es 200 feindliche Flugzeuge gewesen sind? Die Luftwaffe hat wahrscheinlich gestern abend geschlafen. Aber ich habe nicht geschlafen. Ich bleibe wach, wenn eine meiner Städte im

Feuer liegt. Ich danke dem Allmächtigen, daß ich mich auf meine Gauleiter verlassen kann, auch wenn mich die Luftwaffe im Stich läßt. Hören Sie zu, was (der Kölner) Gauleiter Grohé zu sagen hat. Hören Sie zu, hören Sie bitte sorgfältig zu. Es waren 1000 oder mehr englische Flugzeuge. Haben Sie mich verstanden? 1000, 1200, vielleicht noch mehr!«

Hitler machte eine Pause und sagte dann: »Hermann Göring ist natürlich nicht hier; natürlich nicht.«

Göring, von seinem Adjutanten Bodenschatz alarmiert, beeilte sich, in Hitlers Hauptquartier zu erscheinen. Bodenschatz erzählte: »Als Göring Hitler die Hand reichen wollte, beachtete Hitler Göring nicht. In Gegenwart junger Offiziere schnitt er den Reichsmarschall. Ein stotternder, verwirrter Göring irrte im Hauptquartier umher, wo er nur wenig Freunde hatte.«

Görings Feinde in Hitlers Umgebung indessen gewannen immer mehr Einfluß und Macht. SS-Chef Himmler nannte Göring eine Drohne, und auch den Propagandaminister Goebbels hatte der Reichsmarschall sich mit einer unbedachten Bemerkung zum Gegner gemacht. Goebbels hatte erfahren, daß Göring über ihn gesagt hatte: »Das ist ja unglaublich. Wer in Deutschland eine Filmkarriere machen will, muß erst durch Goebbels' Bett. Dieser Mann kommt mir nicht mehr nach Carinhall.« Hitlers Sekretär Martin Bormann – ohnehin auf jeden eifersüchtig, der Hitlers Vertrauen genoß – machte Stimmung gegen Göring und stützte sich dabei auf das Material, das Görings Feinde in der Führung des NS-Staates gegen den Reichsmarschall gesammelt hatten: über seine Bestechlichkeit, über seine Abhängigkeit von morphiumhaltigen Tabletten, seine Pflichtvergessenheit. Seine Feinde versuchten sogar, aus der Menschlichkeit seiner Frau Emmy eine Waffe gegen Göring zu schmieden. Emmy Göring, die aus ihrer Zeit als Schauspielerin viele Freunde hatte, versuchte Opfern des nationalsozialistischen Rassenwahns zu helfen. SS-Führer Reinhard Heydrich beklagte sich: »Emmy Göring ist nicht gerade mein Typ. Dafür ist sie zu matronenhaft. Aber sie ist eine reizende Frau. Aber eines ist wirklich katastrophal. Die schickt jede Woche einen Brief mit einer Liste von Namen zu Himmler.« Auf dieser Liste standen Namen von denen, die Emmy Göring vor dem Tod im KZ retten wollte.

Korruption, Morphiumsucht und die barocke Lebensführung allein hätten Göring wohl dennoch nicht diskreditieren können. Er verlor sein Ansehen bei Hitler endgültig durch ein Ereignis, das den Wendepunkt des Zweiten Weltkrieges markierte und den Untergang des Dritten Reiches einleitete: die Schlacht um Stalingrad.

Am 22. November 1942 hatten russische Truppen den Ring um Stalingrad endgültig geschlossen. In der Stadt an der Wolga waren fast 300 000 deutsche Soldaten der 6. Armee eingeschlossen. Hitler hatte den Rückzug und jeden Ausbruchsversuch kategorisch untersagt.

Am 24. November 1942 befahl Reichsmarschall Göring dem Stab der Luftwaffe, die Versorgung der 6. Armee in Stalingrad aus der Luft zu übernehmen. Am 25. November ließ Hitler an den Kommandeur der 6. Armee in Stalingrad, Generalfeldmarschall Paulus, funken, die

Luftwaffe sei unterwegs. Die belagerte Armee brauchte täglich 300 Tonnen Kraftstoff, 30 Tonnen Munition und 15 Tonnen Verpflegung. Um diese Menge nach Stalingrad zu schaffen, waren 800 Transportflugzeuge vom Typ JU 52 erforderlich. Eingesetzt werden konnten aber nicht einmal 600 Maschinen dieses Typs. So wurden Bombenflugzeuge zu Transportflugzeugen umgerüstet, mit mangelhaftem Erfolg.

Görings Luftwaffe konnte das Geschick der 6. Armee nicht wenden. Die Russen brachten vor Stalingrad 1200 deutsche Bomber und Transportflugzeuge zur Strecke. Generalfeldmarschall Paulus kapitulierte, die Reste der 6. Armee gingen in russische Gefangenschaft.

In Nürnberg, wo er sich, zwei Stunden bevor er am Galgen der Sieger hängen sollte, mit Zyankali vergiftete, sagte Hermann Göring über die Folgen von Stalingrad: »Natürlich gab man mir die Schuld. Seit dieser Zeit wurde die Beziehung zwischen dem Führer und mir immer schlechter.«

In Stalingrad starben die Soldaten, über Stalingrad Görings Piloten, da richtete der Reichsmarschall ein Gesuch an den Reichsfinanzminister. Er forderte zwei Millionen Mark für die Vergrößerung und Ausstattung von Carinhall.

Kapitel V
(1943–1945)

Anfang des Jahres 1943 verschlechterte sich die Kriegslage in Deutschland an allen Fronten weiter. Das deutsche Afrika-Corps mußte kapitulieren, in Rußland drängten Stalins Truppen die Wehrmacht in schweren Kämpfen zurück. Sichtbaren Schaden aber erlitt in jenen Monaten des vierten Kriegsjahres vor allem Hermann Göring. Für ihn wurde eine Statistik stählerne Wirklichkeit, über die er zwölf Monate zuvor noch gelächelt hatte: die Kriegsproduktion der Vereinigten Staaten von Amerika. Schon im Januar 1943 flogen amerikanische Luftstreitkräfte Angriffe gegen Städte des Deutschen Reiches. Und: Sie flogen anders als die Briten. Nicht im Schutz der Dunkelheit, sie kamen am hellen Tag. Erst eine Staffel, dann ein Geschwader, dann ein Verband, und daraus wurde schließlich das, was die Zivilbevölkerung zwischen München und Flensburg und zwischen Köln und Berlin in panikhaften Schrecken versetzte: der Bomberstrom, der Zielangriff Tausender schwerer viermotoriger Flugzeuge auf eine einzige Stadt.

Köln brannte, dann stand Essen in Flammen, dann Bremen. Britische Flugzeuge drangen in den Himmel der schwerverteidigten Reichshauptstadt vor, 600 Tonnen Bomben regneten herab. 20 000 Häuser zerfielen zu Schutt, 700 Menschen wurden getötet, 35 000 wurden obdachlos.

Hitler tobte im Führerbunker: »Wo ist der Reichsmarschall? Was tut er, um auf diesen Terrorangriff die richtige Antwort zu haben?« Göring tat nichts, und er konnte nichts tun. Zwar schossen seine Nachtjäger Hunderte von alliierten Bombern ab, aber für jeden Flieger, der vom Himmel fiel, produzierten die Rüstungsbetriebe der Engländer und Amerikaner zwei oder drei neue Kampfapparate.

Fliegergeneral Galland, Befehlshaber der Jagdflieger, erinnert sich: »Alle meine Versuche, das Oberkommando vom Ernst unserer Lage zu überzeugen, sind fehlgeschlagen. Man hat sich dort an eine Haltung verbrecherischer Sorglosigkeit gewöhnt. Die Generäle wollten die Gefahr nicht sehen, weil sie dann ihre vielen Unterlassungssünden hätten zugeben müssen. Unbequeme Mahner werden als sehr lästig empfunden.«

Göring flüchtete immer öfter in den Rausch, den ihm Morphium bereiten konnte. So sagte Hitlers Leibarzt Dr. Morell zu Frau Goebbels, Göring werde immer mehr zum Sklaven seiner Sucht, und seine Ärzte seien außerstande, ihn davon abzubringen.

Im Mai 1943 notierte Reichspropagandaminister Joseph Goebbels in seinem Tagebuch: »Man kann sich wirklich nicht mehr auf Göring verlassen, er ist müde und abgespannt.«

Mit einer hilflos anmutenden Geste versuchte sich der

Reichsmarschall der Kritik zu entziehen, die in der Führung des Dritten Reiches an ihm geübt wurde. Er erklärte: Die Schande der Luftwaffe sei so groß, daß er künftig seine Orden nicht mehr tragen wolle, »bis die deutsche Luftwaffe sich so einsetzt und schlägt wie damals, als ich hohe Auszeichnungen dafür erhalten habe«. Er verstieg sich sogar zu dem Vorwurf, die Jagdflieger seien »Feiglinge«, weil sie die Angriffe nicht verhindern konnten, ein Ausdruck, der General Galland veranlaßte, sein Ritterkreuz zurückzugeben.

Im Juli 1943 startete das alliierte Bomberkommando das »Unternehmen Gomorrha«. 800 viermotorige Bomber der Royal Air Force brummten in der Nacht vom 24. zum 25. Juli über die Nordsee. Zunächst flogen sie nach Osten, schwenkten dann über Lübeck nach Südwesten ein. Die deutsche Abwehr war schwach. Aus niedriger Höhe klinkten die Maschinen Spreng- und Brandbomben aus. 1500 Tonnen Bomben fielen auf die Stadt Hamburg. Eine besondere Wetterlage ließ diesen Angriff zum Inferno für die Menschen der Hansestadt werden. Ein Feuersturm entstand. Eine Feuerwalze rollte durch die Straßen. Die brennende Stadt wurde von den Amerikanern und Engländern in weiteren Angriffen bombardiert.

Der Polizeipräsident von Hamburg schrieb: »Die Furchtbarkeit offenbart sich in dem Heulen und Toben des Feuersturms, im Höllenlärm der explodierenden Bomben und den Todesschreien gemarterter Menschen. Die Sprache versagt vor der Größe des Grauens, das zehn Tage und zehn Nächte lang die Menschen schüttelte und dessen Spuren unauslöschlich in das Gesicht der Stadt und der Menschen geschrieben wurden.«

Anfang August 1943 versammelte Reichsmarschall Hermann Göring die Spitzen der deutschen Luftwaffe um sich. In Hamburg glühten noch die Ruinen des großen Brandes, durch Berlin irrten in jenen Tagen Menschen auf der Suche nach Angehörigen, die sich vor den unausgesetzten Angriffen der alliierten Luftwaffe in Sicherheit zu bringen versucht hatten.

Göring und seine Männer berieten in jenen Stunden, wie das Reich gegen die Schläge der Briten und Amerikaner geschützt werden könnte. Das einhellige Ergebnis der Besprechung war: Die deutsche Luftwaffe mußte aufhören, gegen England einen Bombenkrieg zu führen. Die Luftflotte mußte auf Jagdgeschwader umgerüstet werden. Göring erklärte den höchsten Offizieren der von ihm befehligten Waffengattung, er werde auf der Stelle zu Adolf Hitler gehen und dessen Zustimmung einholen. Mit raschen, energischen Schritten verließ er den Raum.

Wenig später kam der Reichsmarschall zurück. Er ging müde und mit hängenden Schultern an den Generälen vorbei in ein Nebenzimmer. Fliegergeneral Galland, für seine Tapferkeit mit dem Eichenlaub zum Ritterkreuz mit Brillanten ausgezeichnet, berichtete über die folgenden Minuten: »Göring war vollkommen zusammengebrochen. Den Kopf zwischen den Armen auf einem Tisch vergraben, stöhnte er unverständliche Worte vor sich hin. Wir standen einige Augenblicke peinlich berührt da. Dann richtete er sich auf und erklärte, wir seien Zeugen des verzweifeltsten Augenblickes seines Lebens. Der Führer habe ihm das Vertrauen entzogen. All seine Vorschläge, von denen er sich eine radikale Änderung der

Lage des Luftkrieges versprochen habe, seien abgelehnt worden. Der Führer habe erklärt, er sei zu oft von der Luftwaffe enttäuscht worden. Von Umstellung auf die Luftdefensive gegen den Westen könne nicht die Rede sein. Göring blickte mit Tränen in den Augen auf. Hitler, sagte er, habe der Luftwaffe die letzte Chance gegeben, ihr Ansehen durch die Wiederaufnahme der Luftangriffe gegen England zurückzugewinnen.«

Der zweithöchste Mann des Dritten Reiches war in vier Kriegsjahren von den Höhen des Ruhmes herabgesunken zum Versager in den Augen des Führers und zum Harlekin in den Augen seiner Offiziere und Soldaten. Göring lieferte den Stoff für die besten Anekdoten selbst. An einem Frühlingstag hatte er selbst den unmittelbaren Befehl über die Jagdflieger übernommen, die zehn feindliche Bomber abfangen sollten. Der Reichsmarschall steuerte den Einsatz über Funk. Das Wetter war neblig, doch Göring führte die schnellen Jagdverbände an die feindlichen Bombenflugzeuge heran. Zehn Bomber wurden abgeschossen. Wenig später traf bei Göring ein Fernschreiben von General Galland ein. Sein Inhalt mußte den Reichsmarschall demütigen und ihn der Lächerlichkeit preisgeben. Nicht zehn Britenbomber waren der Führung Görings zum Opfer gefallen, sondern zehn deutsche Flugzeuge.

Göring mochte es nicht glauben. Er schrieb über den Fernschreiber zurück: »Ich verbitte mir solche Aprilscherze. Göring.«

Doch es war die Wahrheit.

Frauen, Kinder und alte Männer starben in den Trümmern ihrer Häuser, die von alliierten Bombern zerschmettert wurden. Hermann Göring aber wußte nur: »Das deutsche Volk trägt diese Luftangriffe wie eine Strafe Gottes.«

Der Chef des Dritten Reiches allerdings wollte seinen Reichsmarschall nicht einfach davonkommen lassen. Er demontierte sein Ansehen. Vor Generälen und Funktionären sagte Hitler über seinen Freund Göring: »Dieser Schwächling schwelgt zu Hause und umgibt sich mit seinen Frauen. Weiber, Weiber. Kein Wunder, daß die Luftwaffe so ein Sauladen ist.«

Tatsächlich: Vor dem Zorn Hitlers und dem heimlichen Spott seiner Umgebung flüchtete Hermann Göring immer häufiger und immer für längere Zeit in die heile Welt von Carinhall. Dort jagte er auf Rotwild, naschte unausgesetzt Bonbons und verscheuchte mit kindlichem Spiel die Schemen der bevorstehenden Niederlage Deutschlands im großen Krieg.

Eigene Schuldgefühle verdrängte er. So brüllte der Reichsmarschall den Fliegergeneral Galland im August 1943 an: »Es ist eine Schweinerei, daß die Jäger nicht in der Lage sind, wenn feindliche Geschwader kommen, sie 'runterzuholen! Die Jäger sind lahm! Von mir aus ist alles getan worden! Da war es 14/18 doch anders! Da haben wir uns in die Geschwader gestürzt und die Biester heruntergeholt. Jawohl, Galland, so war es damals!«

Galland antwortete nicht auf Görings Ausbruch. Er blickte den Reichsmarschall unverwandt an, bis Göring sich umwandte.

Am 30. November 1943 trat Reichsmarschall Göring

zum letzten Mal zu einer großen Rede vor das Mikrophon des Deutschlandsenders. Was er den Menschen im zerbombten Reich zu sagen hatte, war eine Mischung aus Durchhalteparolen und düsterer Prophetie: Er griff tief in die Geschichte zurück und führte den Deutschen die Spartaner vor Augen, die Jahrtausende vorher den Paß der Thermopylen in Griechenland bis zum letzten Mann gegen die persischen Angreifer verteidigt hatten.

Der Reichsmarschall: »In diesem Geiste müssen wir Deutschen jetzt das Vaterland verteidigen, und sollte auch jede deutsche Stadt dem Erdboden gleichgemacht werden, so wird das deutsche Volk doch weiterleben. Das deutsche Volk lebte schon, ehe es Städte gab, es könnte so kommen, daß wir wieder in Erdhöhlen hausen müssen. Sollte Berlin vom Erdboden verschwinden, dann wäre das wohl furchtbar, aber nicht verhängnisvoll.«

Im Frühsommer 1944 zog sich Göring auf eine Burg in Süddeutschland zurück, und dort saß der Oberkommandierende der Reichsluftwaffe auch zu jener Stunde im Jagdrevier auf dem Hochsitz, als plötzlich Tausende von alliierten Flugzeugen den Himmel über der Normandie verdunkelten und das Wasser des englischen Kanals von Tausenden von Schiffsschrauben alliierter Schiffe gepeitscht wurde. Amerikaner und Engländer hatten zur Invasion in Frankreich angesetzt. Die Luftstreitmacht der Alliierten umfaßte rund 11 000 Maschinen. Görings Luftflotte im Westen umfaßte kaum 350 Flugzeuge – so wenige, daß sie nicht einmal hinlänglich viele Aufklärungsflüge fliegen konnten.

Hermann Göring war in den Schicksalsstunden des

Dritten Reiches nur selten zur Stelle – einmal schlug die Abwesenheit zu seinem Glück aus: am 20. Juli 1944. Im Führerhauptquartier im ostpreußischen Rastenburg explodierte die Bombe, die Oberst Claus von Stauffenberg neben Hitlers Tisch in einer Aktentasche abgestellt hatte. Hitlers Adjutant und der Generalstabschef der Luftwaffe wurden getötet, Görings Adjutant Bodenschatz wurde schwer verletzt.

Hermann Göring war zum Zeitpunkt der Detonation in seinem Sonderzug auf dem Weg nach Rastenburg. Am Abend des gleichen Tages saßen die Herren des Dritten Reiches zusammen an einem Tisch, und es entbrannte Streit über die Fehlschläge im Krieg. Göring versuchte, die gesamte Schuld einem Mann zuzuschieben, der mit der Kriegsführung und der Aufrüstung wenig zu tun hatte: Reichsaußenminister Ribbentrop. Schließlich standen die beiden Herren sich wutschnaubend gegenüber. Göring hob seinen Marschallstab und drohte Ribbentrop damit zu schlagen. Er schrie ihn – in Anspielung auf Ribbentrops Tätigkeit vor seiner Karriere im Dritten Reich – an: »Sie schmutziger kleiner Sektvertreter, halten Sie den Mund.«

An diesem Nachmittag, am Tag des Attentats bei der Konferenz im Teehaus des Führerhauptquartiers, muß Hermann Göring die Erkenntnis gekommen sein, daß er ganz allein stand. In einer verzweifelten Anstrengung suchte er sich einen Mann zum Freund zu machen, den er lange Zeit mit Arroganz behandelt und wegen seiner Kleinbürgerlichkeit verachtet hatte: Heinrich Himmler. Göring schlug Hitler vor, den Reichsführer SS, Chef der deutschen Polizei und Chef des Reichssicherheitshauptamtes zum Kriegsminister zu ernennen. Göring, als »höchster Soldat des Reiches«, war bereit, neben Hitler einen weiteren Herrn anzuerkennen – wenn er nur wieder politische Geborgenheit fand und Verantwortung abgeben konnte. Doch Himmler lehnte Görings Vorschlag ab. Er erklärte seinem Adjutanten Wolff später: »Der Keitel (Chef des Oberkommandos der deutschen Wehrmacht) saß vor mir und hat mich so traurig angesehen. Da dachte ich mir, der Keitel war immer so anständig zu mir, und soll ich ihm das Lebenswerk wegnehmen?«

Görings Lebenswerk, die deutsche Luftwaffe, geriet in immer größeren Gegensatz zu ihrem Schöpfer. Im Januar 1945 verlangten die Jagdflieger von Göring die Freigabe des ersten kampfbereiten Düsenflugzeugs der Welt, der Me 262, für den Jagdeinsatz gegen die alliierten Bomberströme. Oberst Franz Zitzow zu Göring: »Noch, Herr Reichsmarschall, kann verhindert werden, daß jede deutsche Stadt in Schutt und Asche fällt.« Aber Göring war auch jetzt, angesichts der Niederlage, nur die Stimme seines Herrn. Hitler wollte den Bomberkrieg fortsetzen – und deshalb mußte die Me 262, die mit ihren zwei BMW-Turbotriebwerken mehr als 1000 Stundenkilometer schnell war, als Bomber fliegen – wozu sie nicht geeignet war.

Die Auseinandersetzungen zwischen Jagdfliegern und dem Reichsmarschall gipfelten in einem lautstarken Ausbruch von Göring: »Was Sie mir hier bieten, ist Landesverrat, ist Meuterei. Sie, Sie. Ich lasse Sie füsilieren.« Dann verließ er das Zimmer.

General Johannes Steinhoff, der spätere Inspekteur der Bundesluftwaffe, schreibt in seinem Buch »In letzter Stunde«: »Da standen nun die funkelnagelneuen Flugzeuge und waren zu nichts mehr nütze.«

Die alliierten Armeen standen im Osten wie im Westen schon an den deutschen Grenzen, da reifte in Hermann Görings morphiumgeschädigtem Gehirn ein bizarrer Plan, wie er persönlich der drohenden Katastrophe entgehen konnte. Der Führer der ungarischen Faschisten suchte nach einem Mann, der König seines Landes werden sollte, und er geriet bei der Suche nach einem Kandidaten auch an den Reichsmarschall von Deutschland. Göring nahm das Angebot an, verbarg den Plan jedoch sorgfältig vor Adolf Hitler. Er forderte den Ungarn auf, Dokumente so zu fälschen, daß der aus Pommern stammende Göring als Abkömmling ungarischer Herrscher gelten konnte. Tatsächlich kam eine Biographie zustande, die Göring als Sproß des vornehmen ungarischen Geschlechts der Arpaden auswies, das fünf Magyarenherrscher gestellt hatte. Doch als die gefälschten Stempel in die gefälschten Papiere gedrückt wurden, stieß Stalins Rote Armee schon auf Budapest vor.

Nun mochte der Reichsmarschall auch nicht mehr an den Endsieg glauben, den er vor seinen Soldaten immer noch beschwor. Seiner Frau Emmy bekannte er, »bei aller Kraft zu glauben und zu vertrauen, die Möglichkeit zu siegen rein verstandesmäßig nicht mehr zu sehen«. Und nach einem Gespräch mit Hitler sagte Göring, zutiefst niedergeschlagen, zu seiner Frau: »Es ist der Bruch, es hat keinen Sinn mehr. Er glaubt mir nicht mehr. Er hört nicht mehr auf mich.«

Am 12. Januar 1945 feierte ein von seinen Freunden verlassener Göring seinen 52. Geburtstag. Er ließ in Carinhall Entenbraten und Wild, russischen Kaviar, Danziger Lachs und französische Gänseleberpastete servieren. Für das Fest wurden herbeigeschafft: 100 Flaschen Champagner, 180 Flaschen Rot- und Weißwein, 85 Flaschen Cognac, 50 Flaschen Likör, 500 Zigarren und 4000 Zigaretten – absurderweise amerikanische Marken.

Vor einem seiner Generäle entschuldigte Hermann Göring den Luxus der Geburtstagstafel: »Jetzt ist nicht die Zeit zum Fasten. Wir werden bald alle einen Genickschuß bekommen.«

Drei Wochen nach seinem Geburtstag nahm Hermann Göring Abschied von Carinhall. Er hob sein Jagdgewehr und legte auf einen Bison an, der in einem Gatter weidete. Dann schoß er. Er erschoß alle vier Bisons. Zu diesem Zeitpunkt standen russische Truppen schon vor Berlin. Göring ließ die in allen Ländern Europas erjagten Kunstschätze in Eisenbahnwaggons verladen. Dann schütteten Soldaten der Wachtruppe von Carinhall in allen Räumen des Herrensitzes Benzin und Öl aus. In den Gebäuden waren 22 Fliegerbomben schwerer Kaliber verteilt. Als russische Panzerspitzen gemeldet wurden, legten Görings Soldaten Feuer an Görings Haus. Die schweren Bomben explodierten. Es blieben Rauch und Trümmer.

Göring ließ seine Frau Emmy und seine Tochter Edda nach Berchtesgaden in sein Landhaus bringen. Er selbst fuhr zurück nach Berlin in den Führerbunker, in eine feindselige Umgebung. Am 28. Februar 1945 notierte Reichspropagandaminister Joseph Goebbels in sein Tagebuch: »Es ist eine grobe Stillosigkeit, daß der 1. Offizier des Reiches in dieser Situation des Krieges in einer silbergrauen Uniform herumläuft. Welch ein weibisches Betragen den Ereignissen gegenüber. Hoffentlich gelingt es dem Führer, aus Göring wieder einen Mann zu machen. Der Führer ist froh, daß seine Frau (Emmy) nun auf den Obersalzberg übergesiedelt ist, die auf ihn nur einen schlechten Einfluß ausgeübt hat.«

Wenig später hielt der Propagandaminister in seinem Tagebuch die endgültige Zerstörung von Görings Ansehen bei Hitler fest: »Wie der Führer menschlich über Göring denkt, das braucht mir nicht mehr erklärt zu werden. Er ist jetzt wieder mit zwei Sonderzügen nach dem Obersalzberg zum Besuch seiner Frau gefahren. Schrecklich zu denken, daß der verantwortliche Mann der deutschen Luftwaffe jetzt Zeit findet, seinen persönlichen Angelegenheiten nachzugehen... Die Versäumnisse, die Göring sich hat zuschulden kommen lassen, zerstören zuerst seinen eigenen Wehrmachtsteil. Was der Führer in dieser Beziehung vorbringt, ist mir alles bekannt. Es sind die altbekannten Klagen, die immer wieder in der Feststellung ausmünden, daß Göring gänzlich unzulänglich und unfähig ist, daß man aber keinen Nachfolger für ihn findet – und hätte man ihn, keinen Nachfolger für ihn ernennen kann.«

Am 20. April 1945, Adolf Hitler wurde an diesem Tag 56 Jahre alt, sah Göring den Mann, dem er durch zwei Jahrzehnte seines Lebens blindlings auf den Gipfel der Macht und in den Abgrund unaussprechlicher Verbrechen gefolgt war, zum letzten Mal. Rüstungsminister

Speer berichtete: »Göring erklärte, er habe in Süddeutschland dringende Aufgaben zu erledigen, er müsse
noch in der gleichen Nacht Berlin verlassen. Hitler sah
ihn geistesabwesend an. Mir schien dabei, daß er in diesem Augenblick von seiner eigenen Entscheidung, in
Berlin zu bleiben und sein Leben aufs Spiel zu setzen,
selber ergriffen war. Mit gleichgültigen Worten gab er
Göring die Hand.«

Auf dem Obersalzberg wartete Göring auf seine Stunde. Noch einmal glaubte er Zugang zur Macht nehmen
und die Lage wenden zu können – durch Verhandlungen
mit den Alliierten. Auf seine Reise nach Bayern hatte
Göring eine Stahlkassette mitgenommen, in der ein Erlaß Adolf Hitlers vom 21. Juni 1941 geborgen war.

Der Erlaß lautete: »Wenn ich in meiner Handlungsfreiheit beschränkt oder auf irgendeine Art unerreichbar
bin, dann soll der Reichsmarschall Hermann Göring
meine Stelle vertreten oder mein Nachfolger in allen
meinen Staatsämtern, in der Partei und in der Armee
sein!« Dieser Erlaß, der Göring die höchste Macht im
Reich verhieß, sollte ihn indes noch in Gefahr bringen,
unter den Schüssen von Hitlers SS das Leben zu verlieren.

Von Berchtesgaden aus funkte der Reichsmarschall
am 23. April 1945 nach Berlin:

»Mein Führer,
sind Sie einverstanden, daß ich nach Ihrem Entschluß,
im Gefechtsstand der Festung Berlin zu verbleiben, gemäß Ihres Erlasses vom 29. 6. 1941 als Ihr Stellvertreter
sofort die Gesamtführung des Reiches übernehme mit

voller Handlungsfreiheit nach innen und außen. Falls bis 22.00 Uhr keine Antwort erfolgt, nehme ich an, daß Sie Ihrer Handlungsfreiheit beraubt sind.

Ich werde dann die Voraussetzungen Ihres Erlasses als gegeben ansehen und zum Wohl von Volk und Vaterland handeln. Was ich in diesen schwersten Stunden meines Lebens für Sie empfinde, wissen Sie und kann ich durch Worte nicht ausdrücken.

Gott schütze Sie und lasse Sie trotz allem baldmöglichst hierherkommen.

Ihr getreuer Hermann Göring«

Nachdem der Funkspruch zu Hitlers Bunker übermittelt worden war, setzte sich Göring mit seinen Offizieren zu Tisch. Dort enthüllte der Reichsmarschall, er wolle schon am nächsten Tag zum alliierten Oberkommandierenden der Invasionstruppen, General Eisenhower, fahren, um mit ihm von Mann zu Mann die Lage zu besprechen und günstige Kapitulationsbedingungen zu erreichen.

Im Berliner Bunker jedoch nutzte Görings Feind, Hitlers Sekretär Martin Bormann, die letzte Gelegenheit, sich an Göring zu rächen. Er legte den Text von Görings Telegramm so aus, daß Göring in Hitlers Augen als Hochverräter erschien.

Augenzeuge Albert Speer schilderte den Augenblick, als Hitler erfaßte, daß der Mann, den er für seinen Freund gehalten hatte, sich endgültig von ihm lösen wollte: »Ein Ausbruch ungehemmter Wut folgte, in dem Gefühle und Erbitterung, Ohnmacht, Selbstmitleid und Verzweiflung sich mischten. Mit hochrotem Gesicht und stieren Augen schien Hitler seine Umgebung vergessen zu haben: ›Ich weiß es schon lange. Ich weiß, daß Göring faul ist. Er hat die Luftwaffe verludern lassen. Er war korrupt. Sein Beispiel hat die Korruption in unserem Staat möglich gemacht. Zu allem ist er seit Jahren Morphinist. Ich weiß es schon lange.‹ «

Hitler funkte an Göring zurück: »Ich erkläre hiermit den Erlaß vom 29. April 1941 für ungültig. Meine Handlungsfreiheit ist unbestritten. Ich verbiete Ihnen jeden Schritt in der angegebenen Richtung. Adolf Hitler.«

Wenig später erhielt Göring ein zweites Telegramm aus Berlin. Darin stand, er habe am Nationalsozialismus wie an Adolf Hitler Hochverrat geübt, Verbrechen, für die nur die Todesstrafe in Betracht komme. Sie solle ihm jedoch erspart bleiben, allerdings müsse er alle Ämter niederlegen.

Martin Bormann befahl der in Berchtesgaden stationierten SS, den Reichsmarschall festzunehmen. SS-Offiziere erschienen mit entsicherten Pistolen in den Händen in Görings Haus. Emmy Göring erzählt über den Augenblick, als sich Görings Staat gegen Göring wandte: »Ein Angestellter kam ins Zimmer: ›Herr Reichsmarschall, draußen steht die SS und will Sie verhaften!‹ Mein Mann lächelte ihn ungläubig an, erhob sich und ging ins Arbeitszimmer. Ich folgte ihm. Da sah er mich ganz groß und fest an: ›Mach dir doch keine Sorgen, das muß ein Mißverständnis sein. Das kann nur ein Mißverständnis sein.‹«

Göring wurde unter Zimmerarrest gestellt. Vor seiner Tür und unter seinem Fenster standen Posten.

In der Nacht, in der Göring von Hitlers Soldaten verhaftet worden war, flog die Royal Air Force einen Angriff auf den Obersalzberg. Die Bomber zerstörten Hitlers Berghof und Görings Haus.

Göring und seine Familie überlebten die Bomben der Briten. Nach dem Willen Martin Bormanns aber sollten sie das Ende des Dritten Reiches nicht überleben. Hitlers Sekretär schickte an die SS in Berchtesgaden ein Telegramm mit dem Wortlaut: »Die Situation in Berlin wird immer gespannter. Sollte Berlin fallen, dann müssen die Verräter des 23. April liquidiert werden. Männer, tut Eure Pflicht. Euer Leben und Eure Ehre stehen auf dem Spiel.« Am 29. April änderte Hitler sein Testament. Er stieß Hermann Göring aus der Partei aus, sprach ihm alle Ämter und Titel ab und ernannte Großadmiral Karl Dönitz zu seinem Nachfolger als Reichspräsidenten. Am Tage danach erschoß sich Hitler im Bunker in Berlin. Die SS in Berchtesgaden mochte den Befehl Bormanns nicht mehr ausführen. In jenen Tagen verabschiedete sich Hermann Göring von den Kriminalbeamten, die in den Jahren seiner Macht über seine Sicherheit gewacht hatten, mit einem Geschenk von 1000 Mark für jeden von ihnen und einer Rede voller Selbstmitleid und voller Selbstbewußtsein zugleich:

»Ich diente meinem Führer und Vaterlande 23 Jahre und werde jetzt wie ein Verbrecher behandelt. Nicht einmal vom gewöhnlichsten Landgendarmen wurde ich vernommen. Sie alle kennen das sogenannte Führertestament. Darin heißt es, daß ich automatisch die Reichsregierung übernehme, sobald der Führer tot ist oder er die

Handlungsfreiheit nicht mehr besitzt. Nun kam am 23. April mein Generalstabschef General Koller aus Berlin geflogen und meldete mir, daß Hitler einen Nervenzusammenbruch erlitten habe, und ich solle die Regierungsgeschäfte übernehmen. Wenn nämlich keine Regierung vorhanden ist, machen die Alliierten mit uns das, was wir mit Polen gemacht haben. Um mich von der Wahrheit der Angaben des Generals Koller zu überzeugen, gab ich einen Funkspruch nach Berlin. Eine andere Verbindung war nicht mehr möglich. Ich mußte also annehmen, daß es an dem so war und wollte deshalb eine neue Regierung bilden. Zu diesem Zweck ließ ich verschiedene Minister nach dem Obersalzberg bestellen. Was dann geschah, ist Ihnen bekannt. Ich wurde vom Führer zum Tode verurteilt, aber mit Rücksicht auf meine Verdienste begnadigt. Sämtliche Ämter mußte ich niederlegen, und im Rundfunk wurde bekanntgegeben, ich sei wegen Herzkrankheit zurückgetreten. Für Deutschland gibt es nur noch eine Chance. Wir machen mit den Westmächten Waffenstillstand, machen mit der gesamten Westfront kehrt und hauen die Russen hinaus. Dazu sind wir noch stark genug. Letzten Endes kommt es zwischen Ost und West früher oder später doch zu einer Auseinandersetzung, und diese Arbeit hätten wir den Westmächten noch abgenommen.

Ich behaupte nicht zuviel, wenn ich sage, ich bin der einzige, mit dem die Alliierten überhaupt noch verhandeln. Mit Hitler setzt sich kein Mensch an den Verhandlungstisch. Ribbentrop mit seiner Kriegslogik und Himmler mit seinen KZs kommen schon gar nicht in

Frage. Also bleibe ich nur ganz allein übrig. Ich leide nicht an Überheblichkeit, sondern ich habe das den Pressestimmen entnommen.«

Göring, von der Sorge befreit, von der SS exekutiert zu werden, kümmerte sich nicht um Hitlers Testament. Er sah sich wieder als ranghöchsten deutschen Soldaten und als den geeigneten Mann, der mit dem Oberkommandierenden der Alliierten über eine Kapitulation der deutschen Truppen verhandeln könne – Göring und Eisenhower, von Marschall zu Marschall, so erklärte er seinen Offizieren.

So begab sich Hitlers Reichsmarschall Hermann Wilhelm Göring am 7. Mai 1945, einen Tag vor der Kapitulation der deutschen Wehrmacht, freiwillig in amerikanische Gefangenschaft. Der US-Leutnant Jerome N. Shapiro, der als erster alliierter Soldat auf Göring traf, berichtet, daß Göring überraschend erfreut schien, amerikanischen Truppen zu begegnen.

Hermann Göring rechnete offenbar damit, nach dem Tode Hitlers als wichtigster Mann des Dritten Reiches respektiert zu werden. Er hoffte auf eine neue politische Karriere. Was hätte den Reichsmarschall angesichts dieser Erwartungen bewegen sollen, gleich drei Kapseln mit dem tödlichen Gift Zyankali mit sich zu führen, wie er in dem Brief behauptete, den er in der Nacht vor seinem Selbstmord in Nürnberg, am 15. Oktober 1946, an den Gefängniskommandanten Burton C. Andrus schrieb?

Tatsächlich wurde Hermann Göring während der ersten Tage in amerikanischer Gefangenschaft mit Hochachtung und Zuvorkommenheit behandelt – nicht wie der zweitmächtigste Mann eines nach furchtbaren Kriegsjahren geschlagenen barbarischen Regimes, sondern nach den Regeln alter Ritterlichkeit.

Wenig später wurde er in das Hauptquartier der 36. US-Division in Zell am See gebracht, wo US-General Robert J. Stack ihn freundlich mit Handschlag begrüßte. Kurz darauf wurde Göring auf dem Balkon des Hotels gesehen, in dem die Amerikaner ihr Hauptquartier eingerichtet hatten. Er trank Champagner, amerikanische Offiziere umringten ihn und unterhielten sich mit ihm über den Krieg. Sie baten ihn, sich für ein Erinnerungsfoto neben die Fahne der texanischen Division zu stellen, deren Soldaten ihn gefangengenommen hatten.

An diesem Abend ging Hermann Göring mit dem Bewußtsein zu Bett, daß er dem Schlimmsten entronnen sei. In den nächsten Tagen schon, so meinte er, würde ein Flugzeug ihn zu General Eisenhower bringen, zu einem Gespräch über Deutschlands Zukunft und damit auch über seine eigene Zukunft.

Am Morgen des 9. Mai 1945 hatte sich Hermann Göring von seiner Frau mit den Worten verabschiedet: »Ich habe eine gute Vorahnung, Emmy, du nicht?« General Eisenhower jedoch war entsetzt, als er die Fotos erblickte, die Göring im Kreise amerikanischer Offiziere zeigten. Er wollte in dem Marschall des Dritten Reiches und höchsten Offizier der deutschen Wehrmacht nichts anderes sehen als einen ganz normalen Kriegsgefangenen. Der Amerikaner ordnete an, Göring nicht anders zu behandeln als andere Kriegsgefangene auch.

Das Flugzeug, auf das Göring wartete, kam. Aber es

brachte ihn nicht zu Eisenhower, es brachte ihn nach Augsburg. Dort wurde er in einer Zweizimmerwohnung interniert. Die Toilette lag eine Treppe tiefer, das Bad im Keller. Göring mußte seine Orden den Amerikanern übergeben, den Pour le mérite, den er im Ersten Weltkrieg von Kaiser Wilhelm II. für Tapferkeit im Luftkampf über Flandern erhalten hatte, und das Großkreuz des Eisernen Kreuzes mit Schwertern und Diamanten, das ihm von Hitler verliehen worden war und überführten die Trophäe in das Armeemuseum in Washington. Sie nahmen ihm die goldenen Schulterstücke und den Ring mit dem großen Diamanten ab, den er besonders liebte.

Eine Woche nach seiner Inhaftierung in Augsburg lieferten die Offiziere, die ihn verhörten, einen ersten Bericht über den Reichsmarschall an General Eisenhower:

»(Göring) ist keineswegs die komische Figur, als die man ihn so häufig in den Zeitungen dargestellt hat. Er ist weder dumm noch ein Narr im Sinne Shakespeares, sondern eher kühl und berechnend. Er erfaßt sofort das Wesentliche eines Themas. Man darf diesen Mann auf keinen Fall unterschätzen. Obwohl er versuchte, die von Deutschland begangenen ungeheuerlichen Verbrechen zu beschönigen, sagte er genug, um daraus zu folgern, daß er für die deutsche Politik und den Krieg so sehr verantwortlich ist wie nur irgendein Deutscher. Stolz behauptete Göring, er habe die Landung seiner Fallschirmjäger auf Kreta geplant und Pläne für die Einnahme von Gibraltar entworfen... Er sei verantwortlich für den Aufbau der Luftwaffe. Andererseits stritt er ab, etwas mit den Rassegesetzen oder den Konzentrationslagern, mit der SS oder den Greueltaten zu tun zu haben, die in Deutschland und außerhalb Deutschlands verübt wurden. Göring ist in jedem Augenblick ein Schauspieler, der sein Publikum nicht enttäuscht... Göring steht zwar auf der Seite der Verlierer, aber der schlaue Hermann denkt auch jetzt nur daran, wie er sein persönliches Schicksal verbessern und sich in eine günstigere Lage manövrieren könnte. Ohne zu zögern verurteilt er den einst so geliebten Führer. Bis zuletzt hat er noch für keinen seiner ehemaligen Genossen ein gutes Wort eingelegt, seien diese Leute heute nun bereits tot oder noch lebendig. Hinter seinen geistreichen und oft witzigen Worten spürt man, daß er jede Gelegenheit wahrnimmt, sich in ein möglichst günstiges Licht zu setzen.«

Kapitel VI
(1945–1946)

Am 22. Mai 1945 ratterte ein olivgrün lackierter Lastwagen der amerikanischen Armee über eine Landstraße in Luxemburg. Das Ziel der Fahrt: das Palast-Hotel von Bad Mondorf im Großherzogtum. Auf einer hölzernen Bank, die auf die Ladefläche des Wagens geschraubt war, saß Hermann Göring. Neben ihm sein Kammerdiener Robert Kropp. Zwei amerikanische Soldaten saßen ihnen gegenüber, Maschinenpistolen im Anschlag.

Die Sieger des Zweiten Weltkriegs hatten beschlossen, alle Mächtigen des Dritten Reiches, die ihnen in die Hände gefallen waren, in einem Luxemburger Hotel zu internieren, um sie dort zu verhören. Das Hotel der gefangenen Größen hieß bei den Amerikanern der »Ascheimer«.

Als Göring schwerfällig von der Ladefläche gestiegen war, stand er einem Mann gegenüber, der sich bald als erbitterter Feind des Reichsmarschalls zeigen sollte: Burton C. Andrus, Oberst der US-Armee.

Dieser Oberst wurde, nachdem sich Göring im Gefängnis von Nürnberg umgebracht hatte, von dem Korrespondenten der amerikanischen Zeitschrift »Time«

charakterisiert: »Wie konnte der Selbstmord von Göring passieren? Er konnte passieren, weil die Armee die Leitung des Gefängnisses einem wichtigtuerischen, phantasielosen und dabei durchaus liebenswürdigen Mann übertrug, der für diesen Job nicht geeignet war. Oberst Burton C. Andrus liebte diesen Job. Jeden Morgen erschien seine rundliche kleine Figur, die an eine sich aufplusternde Kropftaube erinnert, majestätisch im Gerichtssaal, in makelloser Uniform und mit auf Hochglanz poliertem Helm. Seine Verbeugung vor den Richtern war eine der Sehenswürdigkeiten von Nürnberg. Er liebte es, kleine Benachrichtigungen zu schreiben: ›Der amerikanische Oberst lädt den ehrenwerten französischen Ankläger und seinen Stab ein, ihn zu einem Baseballspiel zu begleiten.‹ Dieser Mann hatte«, schrieb »Time«, »viele Stunden damit zugebracht, auch das kleinste Detail zum Leben der Gefangenen zu planen. Er richtete Anti-Selbstmord-Zellen ein, in denen sogar die Tische so gebaut waren, daß sie unter dem Gewicht eines Mannes zusammenbrachen. Alles schien in Ordnung, aber Andrus vergaß, daß er einen Routineablauf hergestellt hatte, und wenn ein Mann wie Göring einen Routineablauf sieht, dann sieht er auch die Möglichkeit, die Routine zu überlisten.«

Jetzt am 22. Mai 1945, betrachtete Oberst Burton C. Andrus den vor ihm sitzenden, schwitzenden Göring. Verwundert bemerkte der Amerikaner, daß die Fingernägel des Deutschen glänzend rot lackiert waren. Noch mehr Erstaunen aber erregte der Inhalt von zwei Lederkoffern, die Görings Diener Robert Kropp hinter seinem

Herrn herschleppte. Die Koffer enthielten 40 000 Tabletten des Medikamentes Paracodin, ein Morphiumpräparat. Göring schluckte damals etwa 100 Tabletten pro Tag. Oberst Andrus berichtete später voller Stolz: »Als Göring hier nach Mondorf kam, war er ein Waschlappen. Wir nahmen ihm die Tabletten weg und machten einen Mann aus ihm.«

Für Göring aber begann eine Zeit kleinlicher Schikanen, für die Oberst Andrus verantwortlich war. Göring mußte auf einem Bett ohne Kopfkissen schlafen, und als ihm sein Diener Robert Kropp eines beschafft hatte, nahmen es die Amerikaner ihm wieder ab. Der Gefangene wurde wie seine Mithäftlinge auch auf karge Ration gesetzt – ein Umstand, der den Gourmet Göring besonders traf. Er ärgerte sich laut: »Meine Hunde haben Besseres bekommen als wir.« Doch der leichte Hunger und die Entziehungskur, die ihm die Amerikaner verordneten, schlugen nicht zum Nachteil von Göring aus. Einem amerikanischen Armeearzt gelang es, Göring innerhalb von knapp drei Monaten von seiner Morphiumsucht zu befreien.

Die Amerikaner hatten jedoch nicht mit einer Nebenwirkung ihres medizinischen Erfolges gerechnet: Göring, der in den Jahren der Macht weichlich und weinerlich geworden war, entwickelte seine alten Tugenden neu – jene Eigenschaften, die ihn zum Helden des Ersten Weltkrieges hatten werden lassen. Und er fand schließlich auch zu jener Raffinesse, Eloquenz und Schlagfertigkeit zurück, mit denen er zwölf Jahre zuvor zum zweitmächtigsten Mann im NS-Staat aufgerückt war.

In den Monaten der Verhöre von Mondorf äußerte Göring gelegentlich Gedanken über seine Zukunft. Offenbar rechnete er mit der Milde der Sieger. Als strengste Form der Bestrafung malte er sich eine Art Verbannung »so wie bei Napoleon« aus.

Doch im September 1945 erfuhr Göring offiziell, daß er sich als Hauptkriegsverbrecher vor dem Militärtribunal der Sieger des Zweiten Weltkrieges verantworten sollte. Görings erste Reaktion ist von dem US-Arzt Kelley berichtet worden. Göring: »Ja, ich weiß, ich werde hängen. Auch Sie wissen, daß ich hängen werde. Ich bin bereit.«

Doch der von Adolf Hitler zum Erben der Macht im Deutschen Reich bestimmte Reichsmarschall bestritt das Recht der Alliierten, ihm den Prozeß zu machen. »Ich verneine die Zuständigkeit dieses Gerichtes. Aber da es die Macht hat, seinen Willen durchzusetzen, bin ich bereit, die Wahrheit zu sagen und alles zu ertragen, was da kommen mag. Ich bin jedoch entschlossen, als großer Mann in die deutsche Geschichte einzugehen. Wenn ich das Gericht nicht überzeugen kann, werde ich wenigstens das deutsche Volk davon überzeugen, daß alles, was ich getan habe, für das Großdeutsche Reich geschehen ist. In 50 oder 60 Jahren wird es überall in Deutschland Denkmäler von Hermann Göring geben... vielleicht kleine Denkmäler, aber eines in jedem deutschen Haus.«

Am 12. August starteten in Mondorf zwei Maschinen der US-Air-Force nach Nürnberg. An Bord: die Herren des Dritten Reiches. Als Görings Maschine den Rhein überquerte, wandte er sich an seine Mitgefangenen:

»Seht ihn euch gut an, es ist vielleicht das letzte Mal.« In Nürnberg wurde der Herr von Carinhall in eine knapp 13 Quadratmeter große Zelle gesperrt. Der deutsche Arzt im Gefängnis von Nürnberg, Dr. Ludwig Pflücker, berichtet: »Als ich Göring zum ersten Mal besuchte, war sein Morgenbrei noch unberührt. Auf meine Frage, warum er nicht esse, entgegnete er, ein Mann von Kultur könne nicht essen, wenn er das Klosett direkt vor der Nase habe. Die starke Erregung der ersten Zeit in Nürnberg – die Angeklagten mußten ihre Zellen selbst reinigen – führte übrigens bei Göring zu Anfällen von unregelmäßigem Herzklopfen, die sich schließlich sehr häuften, so daß eine Einschränkung der Bewegung notwendig wurde. Die oft beobachtete Tatsache, daß gerade am Freitag, nach dem gründlichen Reinigen der Zellen, die Anfälle besonders schwer auftraten, führte dann zu der Anordnung, daß Görings Zelle durch einen Arbeiter gesäubert werden mußte – ein Erfolg, auf den Göring sehr stolz war.«

Zu Anfang seiner Zeit in Nürnberg saß Göring meist auf dem Bett, um die Anklageschrift zu lesen, die ihm und weiteren 20 Männern, die der Tyrannei in führenden Stellungen gedient hatten, im Oktober 1945 zugestellt worden war. Die Anklageschrift war 24 000 Worte stark. Ihr Inhalt: Göring sei schuldig der Verschwörung, fortlaufender Verbrechen gegen den Frieden, fortlaufender Kriegsverbrechen und fortlaufender Verbrechen gegen die Menschlichkeit.

In dieser Zeit ereignete sich ein überaus geheimnisvoller Vorgang: Göring trottete den aus Brettern gebauten

Gang zwischen Gefängnis und Justizpalast entlang, sechs Schritte hinter ihm ein amerikanischer Wächter. Oberst Andrus berichtete, was dann geschah: »Plötzlich war von der Krone der Mauer ein schwirrendes Geräusch zu hören und dann ein dumpfer Schlag. Ein schwerer, etwa 20 Zentimeter langer SS-Dolch stak im Holz neben Göring. Der Wächter griff nach seinem Revolver und blickte sich um. Aber niemand war zu sehen. Nur ein Mann wußte, ob das Messer Göring töten sollte oder aber den Wächter, um Göring eine Chance zur Flucht zu geben – und das war der Mann, der das Messer geworfen hatte.«

Im Gefängnis von Nürnberg erfuhr Hermann Göring, daß die Amerikaner seine Frau Emmy am 15. Oktober 1945 verhaftet hatten. Die damals sieben Jahre alte Tochter Edda wurde wenig später der Mutter ins Gefängnis gebracht. Göring sagte zu seinen Mitgefangenen: »Die Amerikaner sind genauso wie die Gestapo. Nehmt ihnen nicht ab, daß sie demokratisch sind. Die Amerikaner sind immer noch unsere Feinde. Was haben Frauen und Kinder mit all dem zu tun?«

Erst im März 1946 ließen die Alliierten die Frau des Reichsmarschalls wieder frei.

Noch vor dem Beginn des Prozesses brachte sich der Mitangeklagte Robert Ley, Führer der Deutschen Arbeitsfront und Reichsorganisationsleiter der NSDAP, in seiner Zelle um. Er trennte von seiner Windjacke den Reißverschluß ab, formte ihn zu einer Schlinge, ging in die Toilettenecke seiner Zelle – der einzige Platz in dem Raum, der nicht durch das Guckloch kontrolliert werden konnte – und erhängte sich dort.

Oberst Andrus ließ die Zellen der Gefangenen und die Gefangenen selbst peinlich genau untersuchen. Generalfeldmarschall Keitel hatte unter anderem zwei Nägel versteckt, Schacht eine meterlange Schnur, Dönitz mehrere Schnürriemen, Sauckel einen abgebrochenen, scharfkantigen Löffel, Jodl einen Nagel, Ribbentrop ein scharfes Stück Metall – nur bei Heß und bei Göring wurde bei dieser Überprüfung nichts gefunden – absolut nichts.

Am 20. November 1945 ließ sich Hermann Göring auf der Anklagebank nieder – in der ersten Reihe auf dem ersten Platz. Er trug seine graublaue Uniformjacke ohne Rangabzeichen. Sie schlotterte um seinen Körper. In der Haft hatte Göring 80 Pfund Gewicht verloren. Er wog noch 200 Pfund.

Am ersten Verhandlungstag sagte Göring nur einen einzigen Satz: »Ich erkläre, daß ich im Sinne der Anklage nicht schuldig bin.«

Während das Volk hungerte, Millionen deutscher Soldaten in Gefangenschaft waren, überall in der Welt noch die Toten des Krieges gezählt wurden, befal Göring seinen 20 Genossen: »Kein Wort gegen den Führer.« Und einem der amerikanischen Ärzte sagte er: »Es wäre nicht auszudenken, wenn Hitler in einer solchen Zelle sitzen und auf seine Aburteilung als Kriegsverbrecher vor einem fremden Tribunal warten müßte. Obwohl er mich am Schluß gehaßt hat, war er für mich das Symbol Deutschlands.«

Dem ehemaligen Reichskanzler Franz von Papen allerdings sagte Göring in vertraulichem Gespräch: »Ich habe Hitler während der letzten Kriegsjahre für unzurechnungsfähig gehalten. Aber ich konnte nichts machen.«

Görings Strategie für den Prozeß war einfach. Er bekannte sich zum Krieg, aber er bestritt jede Kenntnis von Kriegsverbrechen und insonderheit jede Kenntnis von den Greueln, denen sechs Millionen jüdische Männer, Frauen und Kinder zum Opfer gefallen waren. Er behauptete: »Ich wußte wirklich nicht, wie es in den Konzentrationslagern zuging.« Das Gericht legte Dokumente vor, aus denen hervorging, daß Göring durchaus über Einzelheiten der Judenvernichtung informiert gewesen war.

Aber der Reichsmarschall wollte die Ungeheuerlichkeit nicht wahrhaben. So schloß er die Augen, als den Angeklagten ein Film über die Zustände in den Konzentrationslagern gezeigt wurde. Der amerikanische Gefängnispsychologe Gustave Gilbert berichtete, daß er Göring eines Tages mit dem Ergebnis eines Tests konfrontierte: »Sie haben gezeigt, daß Sie trotz Ihres aktiven, aggressiven Charakters nicht den Mut zu wirklicher Verantwortung haben. Bei diesem Kleckstest haben Sie sich selbst mit einer kleinen Geste verraten. Erinnern Sie sich an die Karte mit dem roten Fleck? Sie versuchten, ihn mit den Fingern wegzuschnippen, als dächten Sie, daß Sie das Blut mit einer kleinen Bewegung wegwischen könnten. Das gleiche haben Sie während des ganzen Prozesses getan. Sie haben die Kopfhörer abgenommen, wenn die Beweise für Ihre Schuld unerträglich wurden.«

Dem Psychologen Gilbert legte Hermann Göring dar, daß sein Eintritt in die Politik nur einem Zufall zu verdanken sei: »Ich hatte 1919 eine Verabredung mit den Freimaurern. Während ich wartete, kam eine hübsche Blondine vorbei, und ich ging mit ihr. Nun, und so bin ich niemals den Freimaurern beigetreten. Hätte ich die Blondine an jenem Tage nicht angesprochen, dann wäre es mir unmöglich gewesen, Parteimitglied zu werden, und dann wäre ich heute nicht hier.«

Gilbert gegenüber protzte er auch: »Wenn ich Gelegenheit bekomme, als Märtyrer zu sterben, um so besser! Glauben Sie, jeder hat diese Möglichkeit? Wenn meine Gebeine später in einen Marmorsarkophag gelegt werden, so ist das schließlich viel mehr, als den meisten Menschen beschieden ist.«

Gilbert unterzog die Angeklagten in Nürnberg auch einem Intelligenztest. Dabei schnitt Göring ganz besonders gut ab: 138 Punkte, gut ein Drittel mehr als der Durchschnitt der Menschen.

Sein blitzschnell arbeitendes Gehirn und seine Beredsamkeit verhalfen dem angeklagten Reichsmarschall in Nürnberg zu seinem letzten Sieg. Der amerikanische Chefankläger Robert H. Jackson hatte sich auf das Kreuzverhör von Hermann Göring nur unzureichend vorbereitet. Er bot dem Angeklagten zahlreiche Möglichkeiten, Behauptungen der Anklage zu widerlegen oder richtigzustellen. So z. B., als Ankläger Jackson aus einem Dokument über die Besetzung des Rheinlandes durch deutsche Truppen im Jahre 1935 zitierte und von der »Befreiung des Rheins« sprach.

Darauf Göring: »O nein, hier irren Sie sich außerordentlich. Das Originalwort in Deutsch, und um das allein handelt es sich hier, ist c) Vorbereitung der Freimachung des Rheins. Es ist eine rein technische Vorbereitung, es hat mit der Befreiung des Rheinlandes nicht das allergeringste zu tun. Hier heißt es zuerst Mobilmachungsmaßnahmen im Transport- und Nachrichtenwesen, dann c) Vorbereitung der Freimachung des Rheins, das heißt also, der Rhein darf bei mobilmachungsmäßigen Vorbereitungen nicht mit zuviel Frachtkähnen, Schleppern und so weiter überlastet sein, sondern der Fluß muß frei sein für die militärischen Maßnahmen. Es geht dann weiter unter d) Vorbereitung des Ortsschutzes und so weiter. Sie sehen also, unter kleinen, ganz allgemeinen, gewöhnlichen, üblichen Mobilmachungsvorbereitungen das Wort von der Anklagebehörde Freimachung des Rheins.«

Jackson: »Mobilisierung eben!«

Darauf Göring: »Das habe ich in meiner Aussage... deutlich unterstrichen, daß in der entmilitarisierten Zone allgemeine vorbereitende Mobilmachungsvorbereitungen – ich erwähnte dabei noch Pferdeaufkauf und so weiter – getroffen worden sind. Ich wollte nur auf den Irrtum Freimachung des Rheins hinweisen, der nichts mit dem Rheinland, sondern nur mit dem Strom zu tun hat.«

Jackson: »Nun, dies waren Vorbereitungen für eine bewaffnete Besetzung des Rheinlandes, nicht wahr?«

Göring: »Nein, das ist... falsch... wenn Deutschland in einen Krieg gekommen wäre, ganz gleichgültig, von welcher Seite... mußten im Gesamtreich Mobilmachungsmaßnahmen zur Sicherheit durchgeführt werden, also auch in... der entmilitarisierten Rheinlandzone; aber nicht zum Zwecke der Besetzung hier... der Befreiung des Rheinlandes.«

Jackson: »Sie meinen, die Vorbereitungen waren nicht militärische Vorbereitungen?«

Göring: »Das waren allgemeine Mobilmachungsvorbereitungen, wie sie jedes Land trifft, und nicht zum Zwecke der Besetzung des Rheinlandes.«

Jackson: »Aber sie waren solcher Art, daß sie absolut dem Auslande gegenüber geheimgehalten werden mußten.«

Göring: »Ich glaube, mich nicht zu erinnern, die Veröffentlichung der Mobilmachungsvorbereitungen der Vereinigten Staaten jemals vorher gelesen zu haben.«

Der Amerikaner begann zu stottern, als Beobachter und Journalisten auf den Zuschauerbänken zu lachen begannen. Er warf wütend seinen Kopfhörer auf den Tisch. In Görings Gesicht stand Befriedigung. Er rief seinen Mitangeklagten zu: »Wenn jeder seinen Mann steht wie ich, ist alles in Ordnung.«

US-Journalisten und amerikanische Gefängniswärter baten Göring nach dem Kreuzverhör um Autogramme, und der englische Richter in Nürnberg Sir Norman Birkett schrieb: »Es ist klar, daß wir hier im Zeugenstand eine Persönlichkeit erlebt haben, die zwar vielleicht böse ist, aber doch ungewöhnliche Qualitäten hat.«

Birkett weiter: »Göring erweist sich als ein sehr fähiger Mann, der den Zweck jeder Frage fast sofort begreift, wenn sie in Worte gefaßt und geäußert wird. Er hat umfassende Kenntnisse und ist in dieser Hinsicht im Vorteil gegenüber der Anklagebehörde, denn er bewegt sich immer auf vertrautem Gebiet. Er weiß Dinge, mit denen viele Anklagevertreter und Mitglieder des Richterkollegiums nicht vertraut sind. Daher war es ihm möglich, sich zu behaupten, während die Anklage ihrem Standpunkt keine Geltung verschaffen konnte. Ganz sicher ist Göring nicht auf dramatische Weise zusammengebrochen, wie es erwartet oder sogar prophezeit wurde.«

Einen Tag später schrieb Birkett: »Jetzt hat Göring die Fäden vollkommen in der Hand und beherrscht das ganze Verfahren... Wenn er nicht zur Ordnung gerufen wird, dann muß der Prozeß der Anklage immer mehr entgleiten. Göring macht in der Tat aus dem Gerichtssaal einen Versammlungsort, um seine Ideen zu erklären und seinen Glauben an die kommende Generation in Deutschland auszudrücken. Er ist imstande, für fast jeden Aspekt der Materie einen plausiblen Grund vorzubringen.

In erster Linie war es die ungewöhnliche Persönlichkeit Görings, die diese Situation schuf. Während des ganzen Prozesses war der tote Hitler bei jeder Sitzung gegenwärtig, eine furchtbare, düstere und in mancher Hinsicht unerklärliche Figur. Göring jedoch ist der Mann, der das Verfahren beherrscht, und zwar, so seltsam es klingt, ohne daß er jemals bis zu dem Augenblick, da er den Zeugenstand betrat, ein Wort vor der Öffentlichkeit äußerte.

Das allein ist eine sehr bemerkenswerte Leistung und wirft auf manches, was in der Geschichte der vergangenen paar Jahre unklar war, ein helles Licht. Er folgt den Zeugenaussagen mit größer Aufmerksamkeit, wenn sie

Aufmerksamkeit erfordern, und er schläft beinahe wie ein Kind, wenn es nicht so ist. Niemand scheint mit dieser ungeheuren Geschicklichkeit und Sachkenntnis, mit seiner gründlichen Beherrschung aller Einzelheiten der beschlagnahmten Dokumente gerechnet zu haben. Sichtlich hat er das Material mit größer Sorgfalt studiert und sich mit den Dingen eingehend befaßt, die ihm zum Verhängnis werden könnten... Er übersah klug und geschickt, findig und vor allem blitzschnell die Grundlagen einer Situation, und in dem Maße, wie sein Selbstvertrauen wuchs, wurde seine souveräne Überlegenheit immer deutlicher. Auch seine Selbstbeherrschung war erstaunlich, und zu allen anderen Eigenschaften, die er bei seiner Zeugenaussage bewies, kam noch der klangvolle Ton seiner Stimme und der beredte, aber sparsame Gebrauch seiner Gebärden!« Soweit der Engländer Birkett.

Der Mann, der im Gerichtssaal brillierte, wurde in seiner Zelle stets wieder auf das Maß gestutzt, das US-Oberst Burton C. Andrus behagte: Weil Göring im Gerichtssaal einen Fluch ausgestoßen hatte, setzte Andrus ihn für zwei Tage auf Wasser und Brot und verbot ihm, die Zelle zu verlassen. Andrus berichtet, Göring bat, die Strafmaßnahme zurückzunehmen. Der Gefängnisherr Andrus: »Aber sein Gesuch wurde abgelehnt.«

Dieser Oberst Andrus lobte ausdrücklich einen seiner Wächter, der Göring mit dem Gummiknüppel auf Finger und Schulter geschlagen hatte, weil der Reichsmarschall dem Befehl, sich zu setzen, nicht sofort gefolgt war. »Der Soldat verhielt sich angemessen. Der Gummiknüppel hat eine abschreckende Wirkung, wenn mit ihm auf Körperstellen geschlagen wird, wo die Knochen dicht unter der Haut liegen, wie an den Ellenbogen oder an der Schulterpartie.«

Oberst Andrus mußte auch über eine Bitte von Görings Frau entscheiden. Nachdem Emmy Göring aus amerikanischer Haft entlassen worden war, schrieb sie einen Brief an das Internationale Militärtribunal: »Ich unterbreite Ihnen hiermit eine große Bitte, würde es möglich sein, daß ich meinen Mann wenigstens für einige Minuten sehe? Ich habe meinen Mann seit eineinviertel Jahren nicht mehr gesehen, und ich habe so schreckliche Sehnsucht nach ihm, daß ich es nicht mehr aushalte. Es erfordert alle meine Kraft, ohne meinen Mann auszukommen. Ein paar Minuten, ihn zu sehen und seine Hand zu halten, würden mir unendlich viel helfen. Aus der Tiefe meines Herzens flehe ich Sie an, mein Gesuch nicht zurückzuweisen. Ich wäre Ihnen sehr verbunden, wenn ich ihn so schnell wie möglich sehen könnte, in jedem Fall jedoch vor seinem letzten Wort (des Angeklagten im Prozeß). Mein Mann sorgt sich sehr um sein Kind und um mich, die wir ohne Schutz und Hilfe sind. Es würde auch für ihn eine gewaltige Hilfe sein, wenn wir uns sehen könnten.«

Das Internationale Militärtribunal hatte keine Bedenken gegen den Besuch von Frau Göring, überließ die Entscheidung jedoch Oberst Andrus. Oberst Andrus sagte nein.

Emmy Göring sah ihren Mann erst wieder, nachdem er sein Schlußwort in Nürnberg gesprochen hatte. Da war er schon ein Todeskandidat. Denn sein Triumph über den Ankläger im Kreuzverhör war nichts weiter als eine Episode. Der Endsieg fiel seinen Feinden zu.

In seinem Plädoyer gegen Göring erklärte Ankläger Jackson: »Noch kein Jahrhundert zuvor hat ein Morden in solchen Ausmaßen erlebt, solche Grausamkeiten und Unmenschlichkeit, solche Verschleppung ganzer Völkerstämme in die Sklaverei, eine solche Vernichtung von Minderheiten.« Jackson schloß: »Es ist gegen einen solchen Hintergrund zu halten, wenn die Angeklagten nun das Gericht auffordern, zu erklären, daß sie nicht schuldig sind, obwohl sie die Verbrechen geplant, ausgeführt oder doch wenigstens ausgelöst haben. Sie stehen vor der Beweisführung dieses Gerichts, so wie der blutbefleckte Gloucester vor dem Leichnam seines erschlagenen Königs stand... Wenn Sie diesen Männern sagen, daß sie nicht schuldig sind, würde das ebensoviel bedeuten als sagten Sie, es hätte keinen Krieg gegeben, es hat keinen Erschlagenen gegeben, es hat kein Verbrechen gegeben.«

Der britische Ankläger Shawcross hielt Göring entgegen: »Hinter einem unechten Schein von Bonhomie war er ein großer Architekt dieses satanischen Systems. Wer, Hitler ausgenommen, hatte mehr Kenntnis von dem, was geschah? Wer hatte größeren Einfluß, den Kurs zu bestimmen?«

Göring sprach am 31. August 1946 sein Schlußwort. – Es war das letzte Mal, daß er vor einer Öffentlichkeit redete: »Ich verdamme diese furchtbaren Massenmorde aufs heftigste, und damit es in diesem Zusammenhang keinerlei Mißverständnisse gibt, wünsche ich mit aller

Entschiedenheit vor diesem Hohen Gericht ausdrücklich zu erklären, daß ich niemals den Tod auch nur eines einzigen Menschen beschlossen habe; ich habe so etwas, wenn ich die Macht hatte, es zu verhindern und wenn ich Kenntnis davon hatte, niemals gutgeheißen. Ich habe den Krieg nicht gewünscht, ich habe ihn nicht heraufbeschworen. Ich habe alles versucht, ihn durch Verhandlungen zu verhüten. Als er ausgebrochen war, tat ich alles, um ihn siegreich zu beenden... Ich stehe zu den Dingen, die ich getan habe; aber ich verneine mit aller Entschiedenheit, daß meine Handlungen etwa diktiert worden sind von dem Wunsch, fremde Völker durch Kriege zu unterjochen, sie auszulöschen, sie auszurauben oder zu versklaven, oder von dem Wunsch, Greueltaten und Verbrechen zu begehen. Das einzige Motiv, das mich stets geleitet hat, war glühende Liebe für mein Volk und mein Wunsch, ihm Glück und Freiheit zu geben. Dafür rufe ich die Allmacht Gottes und mein deutsches Volk als Zeugen an.«

Das Gericht glaubte ihm nicht. Am 1. Oktober 1946, nach 218 Verhandlungstagen, erkannten die Sieger: »Göring ist in allen vier Punkten angeklagt. Das Beweismaterial hat ergeben, daß er nach Hitler der mächtigste Mann des nationalsozialistischen Regimes gewesen ist. Es gibt nichts, was als Milderung angeführt werden könnte. Göring war häufig, ja fast stets die treibende Kraft; zweiter Mann war er nur seinem Führer gegenüber. Er war führend bei den Angriffskriegen, führend in politischer und in militärischer Hinsicht; er war der Leiter des Zwangsarbeitsprogramms und der Schöpfer des

Unterdrückungsprogramms gegen Juden und Menschen anderer Rasse, innerhalb und außerhalb Deutschlands. All diese Verbrechen hat er ohne weiteres zugelassen. In einigen besonderen Fällen mag es Zweifel bei den Bezeugungen gegeben haben. Aber im großen und ganzen waren seine eigenen Äußerungen mehr als ausreichend, seine Schuld zu bestätigen. Seine Schuld ist einmalig in ihrem Ausmaß. Das Protokoll enthält keine Entschuldigung für diesen Mann.«

Am Nachmittag des gleichen Tages verurteilte das Gericht der Sieger den Reichsmarschall Hermann Göring und zehn weitere Machthaber des NS-Staates zum Tode durch den Strang.

Doch zwei Stunden, bevor er am Galgen der Sieger sterben sollte, zerbiß Göring am 15. Oktober um 22.50 Uhr in seiner Zelle eine Glaskapsel mit Zyankali und starb auf der Stelle. Am Morgen des 16. Oktober 1946 wurde sein Leichnam verbrannt.

Zur gleichen Stunde, da sich die Asche des Toten im fließenden Wasser des Münchner Conwentzbaches verlor, versammelte sich im Nürnberger Justizpalast eine Untersuchungskommission. Amerikanische Offiziere waren beauftragt worden, herauszufinden, wie es dem ranghöchsten Gefangenen der Alliierten hatte gelingen können, seinem Henker zu entkommen:

Ein Oberst, ein Oberstleutnant und ein Major.

Alle drei waren Mitglieder des Counter Intelligence Corps (CIC), des Militärischen Abschirmdienstes der US-Streitkräfte. Auf dem Tisch der Untersuchungskommission lagen, sorgfältig geordnet, einige wenige Blatt Papier – Material, das vielleicht helfen konnte, die drei wichtigsten Fragen des Geheimnisses um Görings Tod zu klären:

O Woher stammte das Gift, das Göring nahm?

O Wer hatte es ihm gegeben?

O Wie konnte er es verbergen?

Ausgangspunkt der Untersuchung war das offizielle Protokoll der Leichenschau. Es war von US-Offizier Charles J. Roska, Mediziner im Marinecorps der Vereinigten Staaten, Stammrollnummer 0478053, unterzeichnet worden. Roska gab zu den Akten: »Um 22.55 Uhr am 15. Oktober 1946 wurde ich telefonisch alarmiert und zu Görings Zelle befohlen. Ich kam um 23.00 Uhr an. Als ich die Zelle betrat, war der Geruch von Bittermandeln zu riechen.

O Position – Er lag auf seiner Pritsche auf seinem Rükken, die Hände lagen auf dem Oberbauch. Leichenstarre hatte noch nicht eingesetzt.

O Haut – Sie zeigte eine gräuliche Verfärbung (Zyanosis) und war warm. Das Gewebe war normal.

O Augen – Zum Teil offen, die Pupillen waren erweitert und reagierten nicht auf Licht.

O Nase – Keine Fremdkörper und auch keine Entzündung.

O Mund – Zum Teil offen. Auf der Zunge fanden sich zahlreiche Stücke Glas. Sie waren zwischen 0,1 bis 3 mm groß und ungefähr 0,1 mm dick. Die größeren Stücke waren geformt, als seien sie Teile einer Röhre gewesen.

O Brust – Keine Atemtätigkeit.

○ Herzkreislaufsystem – Der Puls war nicht fühlbar, das Herz war nicht zu hören.

○ Bauchnabel – Ungefähr 1 cm tief und 0,6 cm Durchmesser. Er war bedeckt mit einem braunschwarzen, brüchigen Material, das sich etwa 3 mm über den Rand des Nabels hinaus ausdehnte. Es konnte leicht mit Pinzetten entfernt werden. Keine Anzeichen für eine Entzündung oder eine Infektion.

○ Obere Extremitäten – Keine Leichenstarre. Die rechte Hand lag über der linken, beide lagen auf dem Oberbauch. Die Finger und Fingernägel waren sauber, und von ihnen ging kein ungewöhnlicher Geruch aus.

○ Folgerungen – Aus den Darstellungen der Wache und aus den physischen Befunden schließe ich, daß der Tod als Folge einer Blausäurevergiftung eintrat.«

Soweit Leutnant Roska. Außer Roskas Protokoll lagen der Untersuchungskommission zwei weitere Beweisstücke vor: eine aufgeschraubte leere Metallkapsel und ein Briefumschlag von Göring. Metallbehälter und Umschlag waren von dem deutschen Gefängnisarzt Dr. Ludwig Pflücker unter der linken Hand des toten Göring gefunden worden. Der Metallbehälter hatte offenbar die gläserne Kapsel mit dem Zyankali enthalten, die Göring zerbissen hatte. Der Briefumschlag hatte insgesamt vier Briefe enthalten. Einer dieser Briefe war an den amerikanischen Gefängnispfarrer Henry F. Gerecke gerichtet. Er hatte folgenden Wortlaut: »Lieber Pastor Gerecke! Ich bitte Sie, diesen letzten Brief meiner Frau zu übermitteln. Ihr Hermann Göring.«

Dieser zweite der vier Briefe war an Emmy Göring gerichtet. Anrede: »Mein einziges Herzlieb«; Unterschrift: »Dein Hermann.«

Der dritte Brief enthielt eine an das deutsche Volk gerichtete politische Proklamation, in der Göring von »verbrecherischen Siegermächten« schrieb. Sie ist noch heute beschlagnahmt, vielleicht aber auch identisch mit einem Schreiben, das Ende der vierziger Jahre in Deutschland kursierte. Dabei soll es sich um einen Brief von Hermann Göring an Großbritanniens ehemaligen Premierminister Winston Churchill handeln. Datum des Schreibens: 10. Oktober 1946, fünf Tage vor Görings Selbstmord. Allerdings ist nie erwiesen worden, daß Hitlers Reichsmarschall tatsächlich diesen Text verfaßt hat. Auch die Biographen des britischen Premiers haben keinen Hinweis gefunden, daß Churchill je einen Brief von Göring erhalten hat (Anhang).

Der vierte Brief war an den Gefängniskommandanten von Nürnberg, US-Oberst Burton C. Andrus, adressiert. In diesem Brief schrieb Göring mit vielen Unterstreichungen unter einzelnen Wörtern:

Nürnberg, 11. Oktober 1946

An den Kommandanten.

Die Kapsel mit dem Gift habe ich seit meiner Einlieferung in die Gefangenschaft immer bei mir gehabt. Bei der Einlieferung in Mondorf (Görings erste Haftetappe) hatte ich drei Kapseln. Die erste ließ ich in meinen Kleidern, damit sie bei der Revision gefunden wurde. Die zweite legte ich beim Auskleiden unter den Kleiderständer und nahm sie beim Anziehen wieder an mich. Ich versteckte diese in Mondorf und hier in der Zelle so gut, daß sie trotz der häufigen und sehr gründlichen Revisionen nicht gefunden werden konnte. Während der Gerichtssitzungen hatte ich sie in meinen hohen Reitstiefeln bei mir. Die dritte Kapsel befindet sich noch in meinem kleinen Toilettenkoffer in der runden Schachtel mit der Hautcreme in Creme versteckt. Ich hätte diese in Mondorf zweimal an mich nehmen können, wenn ich sie gebraucht hätte. Keinen mit den Revisionen Beauftragten trifft eine Schuld, da es fast unmöglich war, die Kapsel zu finden. Es wäre reiner Zufall gewesen.   Hermann Göring

Aber:

Nichts erscheint weniger glaubhaft als die Version, der prominenteste Gefangene der Alliierten habe das Gift bei sich verstecken können. Denn Göring war 18 Monate in Gefangenschaft, von Mai 1945 bis Oktober 1946. In diesem Zeitraum wurde jeder Raum, in dem er festgehalten war, nahezu täglich durchsucht. Görings Kleidung und Schuhwerk und die Gegenstände, die sich in seiner Zelle befanden, sind ungezählte Male Zentimeter für Zentimeter abgeklopft worden. Der Reichsmarschall kann das Gift auch kaum an seinem Körper verborgen gehabt haben. Er wurde – wie alle seine Mitangeklagten – regelmäßig ärztlich untersucht. Gefängniskommandant Andrus beschrieb diese Sicherungsmaßnahmen in Nürnberg so: »Es wurden Inspektionen durchgeführt, bei denen die Zellen und die Gefangenen selbst gleichzeitig durchsucht wurden. Auch wenn sie badeten, das geschah zweimal wöchentlich, wurden sie durchsucht.«

Und die Wächter suchten nicht irgend etwas. Sie suchten genau das, was Göring angeblich dreifach versteckt gehalten haben soll: eine Giftkapsel.

Anlaß dafür hatte den Siegern der Reichsführer SS, Heinrich Himmler, gegeben: Himmler war 1945 von Engländern gefangengenommen, entkleidet und untersucht worden. In seiner Jackentasche wurde eine Kugel mit Zyankali gefunden. Doch auf eine zweite Zyankalikapsel in Himmlers Mund hatte der untersuchende Arzt nicht geachtet. Um 11.00 Uhr abends am 23. Mai 1945 zerbiß Himmler die Kapsel und starb auf der Stelle. Seither wurde jeder NS-Gefangene nach Gift abgesucht.

Die andere Kapsel, die Göring in seinem Brief erwähnte, ist tatsächlich in Mondorf gefunden worden. Aber gerade die Tatsache, daß sie so leicht und schnell – in Görings Militärrock versteckt – entdeckt worden war, hat die Amerikaner stutzig gemacht und sie zu schärfsten Kontrollmaßnahmen veranlaßt.

Oberst Burton C. Andrus verbreitete ein Vierteljahrhundert nach Görings Tod, wie der Reichsmarschall das Gift vor den Augen und Fingern der Amerikaner verborgen gehalten haben soll: »Göring hatte das Gift in einer schmalen Spalte seines Toilettenbeckens versteckt. Zu anderen Zeiten versteckte er die Kapsel in seinem After und in seinem fleischigen Nabel. Bevor er in den Gerichtssaal ging, nahm er die Kapsel und schob sie in seinen Stiefel.« Soweit Oberst Andrus. Woher der Amerikaner dies alles weiß? Er schreibt: »Göring gab es in seinem Selbstmordbrief an mich zu.« Aber: Görings letzter Brief an Oberst Andrus enthält außer dem Hinweis auf die Reitstiefel nur vage Umschreibungen. Weshalb hat Andrus diese irreführenden Behauptungen aufgestellt?

Die stärksten Zweifel daran, daß Hermann Göring in seinem Selbstmordbrief die Wahrheit schrieb, aber wurden von der Person des Adressaten ausgelöst. Denn Hermann Göring hatte den US-Oberst Burton C. Andrus zutiefst gehaßt. Der Deutsche fühlte sich – subjektiv sicher zu Recht – von dem arroganten amerikanischen Gefängniskommandanten unwürdig behandelt. Görings Selbstmord, der im Kommandobereich von Andrus geschehen war, hätte die Karriere des Offiziers empfindlich stören können. Weshalb sollte Hermann Göring angesichts des Todes ausgerechnet diesem Mann, der ihn mit kleinlichen Gehässigkeiten traktierte – und ihm die letzten Wochen seines Lebens schwergemacht hatte –, mit nahezu pedantischer Sorgfalt einen Persilschein ausstellen, der Oberst Andrus gegen jeden Vorwurf ungenügender Aufsichtspflicht in Schutz nahm?

Alle diese Punkte lassen den gleichen Schluß zu: Das Schreiben war ein sogenannter Cover-up, eine Verschleierungsaktion, mit der Göring den Mann schützen wollte, der ihm das Gift gab. Diese Ansicht wird heute auch von überlebenden Sachverständigen geteilt.

Robert Kempner, einer der bekanntesten US-Ankläger beim Internationalen Militärtribunal, das die elf Machthaber des Dritten Reiches am 1. Oktober 1946 zum Tode durch den Strang verurteilt hatte, sagt heute: »Zuerst hielt ich den Brief für korrekt. Heute habe ich da meine Zweifel. Ich bin sicher, daß Göring ohne Kapsel nach Nürnberg ging und daß ihm die Kapsel erst in Nürnberg zugesteckt wurde.«

Auch Rechtsanwalt Werner Bross, in den Jahren 1945 und 1946 in Nürnberg Mitarbeiter von Otto Stahmer, dem Verteidiger von Göring, ist überzeugt: »Mit seinem Brief an den Gefängniskommandanten wollte Göring nur den Mann decken, der ihm das Gift gegeben hatte.«

Als Emmy Göring – Jahre nach dem Tod ihres Mannes – von diesem Brief erfuhr, sagte sie spontan: »Der Brief ist doch Unsinn.« Sie meinte, ihr Mann habe mit dem Schreiben nur eine Spur verwischen wollen. »Er wollte den Mann schützen, der ihm die Kapsel in Nürnberg zugesteckt hatte.«

Wenige Jahre nach Görings Selbstmord allerdings schien das letzte Geheimnis des Dritten Reiches bereits gelöst zu sein: Zwei Deutsche behaupteten unabhängig voneinander, sie hätten Göring in Nürnberg zu dem Gift verholfen. Auf zwei verschiedene Weisen.

Unter den Zeugen im Nürnberger Prozeß gegen die Kriegsverbrecher befand sich der SS-Obergruppenführer Erich von dem Bach-Zelewski, im Zweiten Weltkrieg Chef der Bandenkampfverbände.

Er berichtete, noch vor Beginn des Prozesses habe er Göring häufig auf dem Korridor des Gefängnisses getroffen und jedesmal förmlich gegrüßt. Bach-Zelewski: »Ich erwies ihm alle möglichen umständlichen Ehrenbezeugungen, um den US-Posten ein heiteres Schauspiel zu bieten und ihre Aufmerksamkeit einzuschläfern. In diesem Possenspiel war es mir auch möglich, Göring einmal die Hand zu schütteln, was streng verboten war. Bei dieser Gelegenheit gab ich ihm die Giftkapsel in einem Stück Seife.«

Im Jahre 1951 übergab Bach-Zelewski amerikanischen Militärs eine Giftkapsel. Das Glas hatte die gleiche Struktur wie die Splitter, die im Mund des toten Göring gefunden worden waren.

Doch gegen die Version des SS-Mannes spricht: Göring verabscheute ihn. Er nannte ihn in Nürnberg »Schuft, Verräter und Schweinehund«, und er vermied es, ihn auch nur anzublicken.

Zudem: Bach-Zelewski hat Göring nur vor dem Beginn des Prozesses getroffen, nicht mehr während des Prozesses und schon gar nicht nach dem Todesurteil. Vor dem Prozeß aber rechneten die ehemaligen NS-Machthaber nicht mit strengen Strafen, und mithin entfiel jeder Grund, Zyankalikapseln zu schmuggeln.

Ein zweiter Deutscher, der sich gebrüstet hat, Göring zu dem Zyankali verholfen zu haben, lebt noch in München: der Journalist Petermartin Bleibtreu. Er behauptete 1950, er sei am Abend eines Verhandlungstages in den Saal geschlichen, in dem der Prozeß stattfand, und habe unter Görings Tisch mit Kaugummi eine Zyankalikapsel angeklebt. Die Kapsel, sagte er, habe er von österreichischen Nationalsozialisten erhalten. Aber: Es war unmöglich, in den Gerichtssaal von Nürnberg unbemerkt einzudringen. Die Fenster und Türen wurden rund um die Uhr von amerikanischen Soldaten streng bewacht. Heute möchte sich Bleibtreu zu diesem Thema nicht mehr äußern.

Die Ehefrau des Selbstmörders, Frau Emmy Göring, war überzeugt, daß ihr Mann noch fünf Tage vor seinem Freitod das Zyankali nicht in Besitz hatte. An diesem

Tag, am 11. Oktober 1946, besuchte sie ihn das letzte Mal.

Emmy Göring berichtete, daß sie ihren Mann bei diesem letzten Gespräch in der Zelle 57, der Besucherzelle des Gefängnisses von Nürnberg, fragte: »Hast du den Kamm?« Hermann Göring schüttelte den Kopf. »Kamm« aber war das unter den Eheleuten verabredete Codewort für die tödliche Kapsel. Demzufolge muß der zum Tode verurteilte Hermann Göring das tödliche Gift an einem der fünf Tage zwischen dem 11. und dem 15. Oktober 1946 erhalten haben.

Hitlers Reichsmarschall hat indes den Namen des Mannes, von dem er das Gift zu erhalten hoffte, seiner Frau Emmy genannt. Sie sagt: »Ich mußte Hermann hoch und heilig versprechen, den Namen nie preiszugeben, solange der Mann lebt.«

Nach dem Tode ihres Mannes zog Emmy Göring mit ihrer Tochter Edda nach München. Dort bezog sie in der Birkleinstraße 16 eine Dreizimmerwohnung. Sie lebte von Sozialhilfe. Ihre Putzfrau wurde von dem Schauspieler Gustaf Gründgens bezahlt. Emmy Göring verkaufte ein Haus in Wenningstedt auf Sylt, um die ärgste Not fernzuhalten.

Am 7. Juni 1973 starb Emmy Göring im Rot-Kreuz-Krankenhaus von München an Magenkrebs. Sie wurde auf dem Waldfriedhof beerdigt. 30 Kranzspender hatten auf die Schleifen nur die Anfangsbuchstaben ihres Namens drucken lassen.

SS-Obergruppenführer Bach-Zelewski – wegen eigener Kriegsverbrechen zu lebenslanger Haft verurteilt – starb am 8. März 1972 in München, ein Jahr vor Emmys Tod. Wenn er tatsächlich der Mann mit dem Gift gewesen wäre, hätte sie seinen Namen preisgeben können. Sie hat es nicht getan.

Einzig ihrer Tochter Edda, die in München als Arzthelferin arbeitet, soll Emmy Göring das Geheimnis offenbart haben.

Die amerikanische Untersuchungskommission, die in den ersten Stunden nach Görings Tod ihre Arbeit aufnahm, hat die Möglichkeit, Deutsche könnten dem Reichsmarschall das Gift gegeben haben, gar nicht erst ernsthaft in Betracht gezogen. Sie konzentrierte die Nachforschungen auf zwei Punkte:

○ Hatte Göring in seinem Brief die Wahrheit geschrieben und das Gift tatsächlich mit nach Nürnberg gebracht?

○ Hatte einer der amerikanischen Offiziere oder Soldaten in der Wachmannschaft ihm die Kapsel zugesteckt?

Die Amerikaner hatten einen triftigen Grund, unter ihren eigenen Leuten nach dem Täter zu suchen. Während des Prozesses war sichtbar geworden, daß US-Militärs von der Haltung des Soldaten Göring vor Gericht beeindruckt waren. Den US-Hauptankläger Jackson hingegen konnten viele Offiziere, die im Nürnberger Gefängnis Dienst taten, nicht ausstehen.

Bei der Urteilsverkündung untersagte Jackson den Offizieren, neben den Anklägern Platz zu nehmen. Bei der Vollstreckung der Todesurteile mußte wiederum Jacksons persönlicher Vertreter draußen vor der Tür bleiben: US-Soldaten hinderten ihn gewaltsam daran, die Turnhalle von Nürnberg zu betreten.

Otto Kranzbühler, ehemals Flottenrichter der deutschen Kriegsmarine und Verteidiger in Nürnberg, folgert heute: »Wenn – was ja möglich ist – Görings Brief an Andrus nicht der Wahrheit entspricht, dann gibt es nur die Möglichkeit, daß die Amerikaner ihm die Kapsel gegeben haben. Göring imponierte den Amerikanern sehr. Sie mochten seine Schlagfertigkeit und seine Intelligenz. Sie waren auch von der großen Show begeistert, in der Göring im Kreuzverhör im Nürnberger Prozeß den amerikanischen Chefankläger Jackson förmlich zur Sau gemacht hatte.«

Der ehemalige Reichskanzler von Papen – ebenfalls in Nürnberg angeklagt, aber freigesprochen – vermerkt in seinen Erinnerungen, daß amerikanische Aufseher ihm im Gefängnis zweimal ein Mittel anboten, sich zu töten, »da nur der Galgen sicher sei«.

Der Kieler Rechtsanwalt Werner Bross, der 1946 Assistent des Göring-Anwaltes Otto Stahmer gewesen war, sagt heute: »Die Amerikaner wußten anscheinend längst, wer Göring die Kapsel gegeben hatte. Ihre Untersuchungskommissionen arbeiteten extrem lax.« Dem Anwalt Stahmer, der immerhin mehr als 100 Stunden mit Göring verbracht hatte, wurde von der Kommission keine einzige Frage gestellt.

Um so intensiver befragte die Untersuchungskommission den amerikanischen Armeearzt Charles J. Roska. Er hatte das Protokoll über den Tod von Göring und den Zustand der Leiche unterzeichnet. Roska hatte sich mehrere Male unbeobachtet in der Zelle mit Göring unterhalten. Roska: »Wir sprachen über Literatur und die Russen.« Bevor er nach Nürnberg ging, hatte Roska in einem medizinischen Institut gearbeitet, in dem Zyankali gebraucht wurde.

Charles J. Roska lebt heute in Urbana im Staat Illinois. Er ist Chirurg an der McKinley-Klinik dieser Stadt.

Zwei weitere US-Offiziere, die damals in Nürnberg Verantwortung trugen – der Gefängniskommandant Oberst Burton C. Andrus und Leutnant John W. West –, sind verstorben, wie das amerikanische Verteidigungsministerium den Autoren mitgeteilt hat.

Die Autoren haben Charles J. Roska über die Tage von Nürnberg befragt. Er sagte: »Ich jedenfalls habe Göring die Kapsel nicht gegeben. Weiter möchte ich mich zu diesem Thema nicht äußern. Es könnte sein, daß irgend etwas, was ich sage, für andere Leute peinlich ist.«

Neben dem Arzt tat damals im Gefängnis von Nürnberg ein US-Offizier Dienst, der mit Roska und mit Göring auf gutem Fuß stand: Oberleutnant Wheelis, genannt »Tex«. Wheelis, dunkelhaarig und 1,90 Meter groß, hatte in Südostasien gekämpft. In seinem Besitz befanden sich noch die zwei Zyankali-Giftkapseln, die ihm während des Krieges für den Fall gegeben worden waren, daß er in japanische Gefangenschaft geraten und gefoltert werden würde.

Wheelis wurde in Nürnberg als Chef der Wachmannschaft eingesetzt. Er ist jener Mann, den Göring in seinem Brief ausdrücklich entlastet hatte, als er schrieb: »Keinen mit den Revisionen (in der Zelle) Beauftragten trifft eine Schuld, da es fast unmöglich war, die Kapsel zu finden.«

Ein Jahr nach dem Selbstmord von Göring sah Anwalt Werner Bross den US-Offizier Wheelis wieder. Bross beschreibt heute die Szene: »Wir unterhielten uns über den Tod von Hermann Göring. Dabei fragte ich Wheelis, der mittlerweile zum Major aufgestiegen war, wer Göring das Gift gegeben habe. Der Amerikaner deutete in einer vielsagenden Geste auf seine Uhr am linken Handgelenk.«

Die Uhr war golden und mit Diamanten besetzt. Wheelis damals zu Bross: »Ein Geschenk von Göring, verstehen Sie.«

Bross sagte zu dem Autor: »Für mich ist das Rätsel um die Kapsel seitdem gelöst.«

Die US-Untersuchungskommission verhörte 1946 auch den Oberleutnant Wheelis. Dann schloß sie ihre Akten.

Wenn die Amerikaner sich tatsächlich davon überzeugt hatten, daß einer ihrer eigenen Leute Göring das Gift zugesteckt hatte, so hatten sie allen Grund, diesen Befund zu verschleiern: Die Russen, die es in besondere Wut versetzt hatte, daß Göring dem Strick entgangen war, mißtrauten den Amerikanern. Und: Die politischen Beziehungen zwischen der Sowjetunion und den Vereinigten Staaten standen bereits auf der Kippe.

So endeten die Untersuchungen der US-Kommission von Nürnberg in einem seltsamen Widerspruch: Offiziell teilte Major Frederick Teich mit, der Reichsmarschall Hermann Göring habe die Kapsel mit dem tödlichen Gift während der ganzen Zeit seiner Gefangenschaft bei sich gehabt.

Aber: Zugleich versiegelte die US-Armee allen Einge-
weihten die Lippen mit einem Eid. Sie mußten geloben,
für alle Zeiten Stillschweigen darüber zu bewahren, was
wirklich in Nürnberg geschehen war.

Dieses rätselhafte Verfahren der Sieger wird dann ver-
blüffend sinnvoll, wenn der Mann, der Göring die tödliche Kapsel gab, sich unter den Siegern befand.

Anhang

Carinhall

Görings Wohnsitz Carinhall lag in der Schorfheide nordöstlich von Berlin. Als er die Liegenschaft erwarb, bestand sie aus einem Jagdhaus im Wert von nicht mehr als 15 000 Mark. Als Carinhall 1945 gesprengt wurde, damit das Gebäude nicht in die Hände der Russen fiel, wurde sein Wert auf 50 Millionen Mark geschätzt. Elf Jahre lang ließ Hitlers Reichsmarschall immer neue Gebäudeteile anbauen. Die größten Räume von Carinhall waren: das Speisezimmer, der Empfangssaal, die Bibliothek und die Galerie. Das Speisezimmer war rund 250 Quadratmeter groß, 25 Meter lang und 10 Meter breit. Die Tafel bot 40 Personen Platz. Der Boden war aus Marmor, die Decke ruhte auf Marmorsäulen. Das Fenster des Saales war 10 Meter lang und 5 Meter hoch und nach Görings Worten »das größte Fenster Europas«. Es war versenkbar.

Der große Empfangssaal war rund 300 Quadratmeter groß. An den Wänden hingen Gobelins. Görings Bibliothek maß 30 Meter in der Länge und 15 Meter in der Breite. Der Fotograf Eitel Lange, der während des Zweiten

Weltkrieges Göring als Kriegsberichterstatter begleitete und in seinem Buch »Der Reichsmarschall im Kriege« besonders genaue Schilderungen von Carinhall niedergelegt hat, berichtet über einen Besuch in dieser Bibliothek: »Zunächst sah ich Mammutgloben, dann erblickte ich in unübersehbaren Mahagoniregalen die herrlichen alten Werke. Schweinslederband an Schweinslederband. Kostbare und einmalige alte Handschriften lagen auf Pulten. Indirektes Licht. In einer Ecke ein großes Sofa aus rotem Leder. Unschätzbare Werte waren hier zu sehen.«

Zu Görings Privaträumen führte aus einer großen Vorhalle eine Marmortreppe. Sein Schlafzimmer war vom Schlafzimmer seiner Frau Emmy durch eine gepolsterte Tür getrennt.

Eitel Lange: »Der Reichsmarschall schnarchte nämlich nach Noten.« Görings Bett war zwei Meter lang und zweieinhalb Meter breit. Über den Polstern schwebte ein Betthimmel. An der Wand hing ein Gemälde, das eine unbekleidete Frau zeigte. Vor dem Schlafengehen pflegte der Juwelenliebhaber Göring seine schönsten Schmuckstücke zu betrachten. Sie waren auf einem Tisch aus Marmor im Schlafzimmer aufgereiht.

Görings Arbeitszimmer war so groß wie ein Saal. Der Fußboden war – wie viele Räume in Carinhall – aus Marmor. Die Fenster reichten bis zum Boden. An den Wänden hingen Gemälde von Cranach und Corinth. In einem Raum neben dem Arbeitszimmer bewahrte Göring sämtliche Ehrenurkunden auf, die ihm je verliehen worden waren.

Görings Tochter Edda, 1938 geboren, bewohnte in Carinhall ein Schlaf- und ein Spielzimmer. Göring ließ seiner Tochter ein Elektroauto anfertigen, mit dem er gelegentlich selbst in der Galerie von Carinhall spazierenfuhr.

Die Galerie von Carinhall war 100 Meter lang und acht Meter breit. Der Reichsmarschall hatte für diesen Raum einen Teppich aus einem Stück anfertigen lassen. In dieser Galerie hingen dicht an dicht Bilder, die der Kunstjäger Göring während des Krieges in Europa erbeutet hatte.

Im Garten von Carinhall war ein Modell des Schlosses von Sanssouci aufgebaut: 50 Meter lang, 3,50 Meter hoch und 6 Meter breit. Gedacht war das steinerne Miniaturhaus als Spielzeug für Edda. Es enthielt ein grüngekacheltes Badezimmer. Aus der Leitung kam sogar warmes Wasser. Acht Kinder konnten im Speisezimmer sitzen.

Für die Versorgung von Carinhall arbeiteten zwei Küchen. Im Souterrain des Hauses war ein Kinosaal untergebracht – vorne Klappsessel, hinten Sessel für Göring und seine Familie. Auf der gleichen Ebene wie der Kinosaal war der Raum, in dem Göring seine Modelleisenbahn hatte unterbringen lassen, nachdem der Dachboden für die Anlage zu klein geworden war. Es war vermutlich die größte Modelleisenbahnanlage in Europa.

Aus dem Haus führte ein Gang zu Görings Luftschutzbunker. Er hatte meterdicke Wände aus Eisenbeton und war in ein Wohn- und ein Schlafzimmer gegliedert. Für die Angestellten des Herrensitzes gab es einen eigenen Bunker. Ein Teil der Schutzstätte ragte über die Erdoberfläche hinaus. Im unterirdischen Teil saßen Angestellte, die Göring besonders nahestanden, im oberen Teil waren die übrigen Bewohner von Carinhall untergebracht. Das Haus des Reichsmarschalls hatte eine eigene Elektrizitätsanlage, eine Kegelbahn und eine Schwimmhalle. Das Schwimmbecken war sieben Meter lang und vier Meter breit. Göring ließ auf der Wasserfläche Modellschiffe schwimmen. Auf Carinhall arbeiteten: 1 Haushofmeister, 5 Köche und Köchinnen, 1 Beschließerin, 10 Putzfrauen, 3 Küchenmädchen, 1 Kinderschwester für Edda, 2 Zofen für Emmy Göring. Außerdem 1 Lehrerin, 1 Tischler, 1 Hausbursche, 1 Maschinenmeister, 2 Heizer, 4 Gärtner, 1 Masseur, 1 Elektriker, 1 Bibliothekarin, 2 Sekretärinnen, 1 Masseuse. Für Görings ganz persönliches Wohl sorgten sein Diener Robert Kropp und die Krankenschwester Christa. Zum Schutz des Hauses war eine Wachkompanie in Stärke von 20 Mann abkommandiert. Görings Schutz besorgten zehn Kriminalbeamte unter dem Kommando des SS-Offiziers Rattenhuber. Ein Löschzug der Berliner Berufsfeuerwehr, zehn Mann stark, war ständig in Carinhall stationiert.

Außer Carinhall gehörte Göring die Burg Mautersberg bei Salzburg, Burg Veldenstein bei Nürnberg, eine Villa auf dem Obersalzberg und eine Villa in Berlin.

Über Carinhall sagte Hitlers Reichsmarschall gelegentlich Besuchern: »Wenn Sie sich dieses Haus richtig ansehen wollen, brauchen Sie mindestens 14 Tage.«

Görings Schiff

Als Hermann Göring im Jahre 1935 die ehemalige Schauspielerin Emmy Sonnemann heiratete, schenkte ihm die deutsche Automobilindustrie eine 16 Meter lange Motoryacht. Göring nannte die Yacht nach seiner ersten verstorbenen Frau »Carin«. Emmy Göring sagte über diesen Namen: »Carin war ja auch eine große Frau.«

- Das Boot war für Binnengewässer gebaut, doch es wurde von Hermann Göring auch für Fahrten über die Ostsee benutzt, zum Beispiel nach Dänemark. Göring fand Gefallen an der Seefahrt und verlangte nun nach einem größeren Schiff. Es sollte luxuriöser sein und seetüchtig. Die Industrie folgte Görings Wunsch.

So wurde die Hamburger Yacht- und Motorbootswerft H. Heidtmann beauftragt, eine sowohl seetüchtige wie kanalgängige Yacht zu konstruieren. Die Bauzeit betrug ein Jahr. Im Juni 1937 übernahm der damalige preußische Ministerpräsident Generaloberst Göring das Schiff im Hamburger Hafen. Die Kosten wurden wiederum von der deutschen Automobilindustrie getragen: insgesamt 1,3 Millionen Reichsmark.

Das Schiff liegt heute im Hamburger Hafen. Es wurde über den Zweiten Weltkrieg gerettet – als einziges Denkmal Göringscher Sucht nach Luxus. Die Bauart ist hochwertig, die Ausstattung vom Feinsten: Der hölzerne Rumpf des Schiffes besteht aus einer doppelten Außenhaut. Die Innenlage ist aus Fichtenholz, die Außenlage aus Teakholz geplankt. Die Außenhaut weist eine besondere Widerstandskraft gegen äußere Beschädigungen auf – für Göring eine Bedingung beim Bau. Die Yacht ist als Dreischraubenschiff konstruiert worden. Die Hauptmaschine: ein 230 PS leistender Zwölf-Zylinder-Dieselmotor. Die Backbord- und Steuerbordmaschine: je 105 PS.

Weil das Schiff hauptsächlich durch Binnengewässer kreuzen sollte, durften die Aufbauten eine bestimmte Höhe nicht überschreiten. Der obere Teil des Steuerhauses ist deshalb abnehmbar, um auch niedrigere Brücken unterfahren zu können. Alle Innenräume sind zwei Meter hoch.

Am Bug des Schiffes ist im Deck ein Jagdsitz eingelassen – auch dies geschah auf Görings ausdrücklichen Wunsch. Von hier schoß er Enten oder auch auf Hochspannungsleitungen am Ufer.

Im Vorschiff liegen die Räume für die Besatzung: eine Kammer mit vier Kojen und einem Eßtisch, eine Kapitänskajüte und eine Kombüse. Dahinter folgt der Maschinenraum und anschließend ein Raum mit vier Brennstofftanks. Sie fassen insgesamt 3800 Liter Dieselkraftstoff. Hinter dem Ruderhaus liegt der Salon, dessen Wände und Schränke mit prächtigem kaukasischem Nußbaumwurzelholz getäfelt sind. Im Achterschiff befindet sich das Zweibettschlafzimmer der Görings, außerdem ein Waschraum, ein Baderaum mit Wannenbad, Dusche und Toilette, ein Schreibzimmer und eine Gästekabine für zwei Personen.

Um den Wohnraum unterzubringen, bekam das Schiff überaus stattliche Maße: 71,12 Registertonnen, 27,50 Meter Länge, 4,85 Meter Breite. Die »Carin II« hat einen Tiefgang von 1,28 Meter.

In den Jahren 1937 bis zum Kriegsausbruch war Göring oft monatelang auf Flüssen und Kanälen unterwegs. Fahrten durch die See unternahm er nur selten. Er haßte Wind und Wellen wegen der Schaukelei. Wie kein zweiter Mann kann Görings langjähriger Kammerdiener Robert Kropp die Fahrten auf der »Carin II« beschreiben. Kropp, der heute 84jährig in Berchtesgaden lebt und von 1933 bis zum Ende in Görings Diensten stand, erzählt: »Die Arbeit auf dem Schiff war denkbar ermüdend. Göring ging oft erst morgens um drei Uhr ins Bett.«

Mit Gästen spielte Göring auf seinem Schiff Skat. Er verstand wenig vom Kartenspiel. Aber seine Leidenschaft für Skat war dennoch groß. So konnte es geschehen, daß ein Göring-Gast auf der »Carin II«, ein General, dem Gastgeber »Kontra« bot und Göring zornig erwiderte: »Was heißt das?«

Nicht selten saß Göring bis zum Morgengrauen und in Pelze gehüllt allein auf einem Liegestuhl an Deck. Kammerdiener Kropp mußte Schallplatten mit Wagner-Opern spielen lassen – »Mit ohrenbetäubender Lautstärke«, wie Kropp sagt.

Zu Görings Gästen auf dem Schiff gehörten der italienische Luftmarschall Balbo, der jugoslawische Prinzregent Paul nebst Gemahlin Prinzessin Olga – und fast alle Größen des Dritten Reiches, von Hitler bis Himmler.

Das Schiff diente Göring nicht nur als Ort der Erholung, sondern wurde auch für wichtige Konferenzen und Besprechungen benutzt. So beorderte er am 5. August 1939 den Generalluftzeugmeister Udet, Staatssekretär Milch und Oberst Jeschonnek zu einer Besprechung über radikale Änderungen des konzentrierten Flugzeugbauprogramms an Bord der »Carin II«. Die Besprechung, die im Salon stattfand, führte zu einer deutlichen Veränderung im Bauprogramm. Sie spiegelte Görings neue Forderungen nach einer Angriffsluftwaffe wider. Göring verkündete, er werde bis zum 1. April 1941 genau 32 neue Kampfgeschwader mit insgesamt 4330 Flugzeugen, davon 2460 JU 99, aufstellen. Diese gewaltige Steigerung der Bomberstreitmacht sollte auf Kosten aller anderen Flugzeugtypen erreicht werden.

Während des Krieges lag die Yacht in einem eigens zu diesem Zweck gebauten Bootshaus in Berlin-Gatow. Als die Bombenangriffe zunahmen und die Russen sich der Hauptstadt näherten, ließ Göring das Schiff nach Kiel in Sicherheit bringen. Dort fiel es 1945 den Engländern in die Hände. Erster prominenter englischer Gast war Feldmarschall Montgomery, der im August 1945 auf der »Carin II« eine Hafenrundfahrt machte.

Ende 1945 wurde das Schiff nach Hamburg überführt und nach dem Prinzgemahl der Königin Victoria »Royal Albert« getauft. Von nun an kamen hauptsächlich Mitglieder des Königshauses an Bord – darunter auch die Herzogin von Kent, die Schwester der Prinzessin Olga von Jugoslawien, die 1939 mit diesem Schiff noch den Wannsee befahren hatte.

1950 wurde das Schiff auf dem Rhein stationiert. Von Krefeld aus unternahmen die Mitglieder der königlichen Familie Fahrten durch Deutschland und die Niederlande. Nach der Geburt des britischen Thronfolgers wurde die Yacht in »Prince Charles« umbenannt.

Als Flaggschiff der britischen Rheinflottille wurde die »Prince Charles« 1954 bei dem ersten britischen Flottenbesuch seit 1812 in der Schweiz von 40 000 bestaunt. Die meisten Menschen waren allerdings gekommen, um das Schiff Görings zu sehen. Prinz Philip begrüßte an Bord den Baseler Nationalrat.

Auch die Spitzen der deutschen Bundesregierung, voran Bundeskanzler Konrad Adenauer, betraten in den folgenden Jahren die Planken der Yacht.

In der Kombüse, in der einst für den zweiten Mann des Dritten Reichs gekocht worden war, saß nun der gerade achtjährige Prinz Charles beim Kartoffelschälen, während sich Königin Elizabeth II. und Prinz Philip in Görings Salon aufhielten.

Ende der fünfziger Jahre verlangte Emmy Göring von der britischen Krone die Herausgabe des Schiffes, um drückende Finanznot zu mildern. Die Yacht, so die Witwe des Reichsmarschalls, sei nie für kriegerische Zwecke benutzt worden, habe auch nicht der Luftwaffe oder Kriegsmarine als Ausbildungsschiff zur Verfügung gestanden, sondern sei Privateigentum. Im Juni 1960 gab die Queen das Schiff an Emmy Göring zurück, die das Schiff wenig später einem rheinischen Druckereibesitzer verkaufte. Der Drucker nannte es nach seiner Gattin »Theresia« und stellte es häufig Studentenorganisationen als Tagungsort zur Verfügung.

1973 wechselte das Schiff wieder den Besitzer: Der Hamburger Journalist Gerd Heidemann kaufte es, ließ es renovieren und gab ihm den ersten Namen zurück: »Carin II«. An Bord befinden sich heute – von Heidemann in langjähriger Suche zusammengetragen – Görings Reichsmarschalluniform, die Jacke des Feldmarschalls, das Silberbesteck der Familie Göring, silberne Zigarren- und Zigarettendosen des Reichsmarschalls, Luftwaffen- adler aus Brillanten oder Gold, eine komplette Bordbi- bliothek, der goldbestickte Reichsmarschallstander, Gö- rings überdimensionale Toilettenbrille aus Mahagoni und mehrere Hundert Fotos von Görings Reisen auf der »Carin II«.

1976 wurde für die Versicherung ein Schiffsgutachten von einem vereidigten Sachverständigen erstellt. Ergeb- nis: Der Zeitwert der Göringschen Yacht beträgt noch heute 560 000 Mark – ohne daß dabei der historische Wert berücksichtigt wurde. Nicht abschätzen läßt sich auch der Wert der von Heidemann zusammengetragenen Gegenstände.

Idi Amin, Ugandas wunderlicher Diktator, schätzte den Wert denn auch wesentlich höher ein als der Gutach- ter: Das Boot Görings sei ihm drei Millionen Mark wert, ließ der Mann aus Afrika den Journalisten wissen. Hei- demann freilich verkaufte nicht. Er wartet auf eine wei- tere Wertsteigerung.

Dokumente

Görings Versuch, die Macht zu ergreifen
(Abschriften der Funksprüche vom 23. April 1945)

23. 4. 45

Mein Führer,

sind Sie einverstanden, daß ich nach Ihrem Entschluß, im Gefechtsstand der Festung Berlin zu verbleiben, gemäß Ihres Erlasses vom 29. 6. 1941 als Ihr Stellvertreter sofort die Gesamtführung des Reiches übernehme mit voller Handlungsfreiheit nach innen und außen.

Falls bis 22.00 Uhr keine Antwort erfolgt, nehme ich an, daß Sie Ihrer Handlungsfreiheit beraubt sind.

Ich werde dann die Voraussetzungen Ihres Erlasses als gegeben ansehen und zum Wohl von Volk und Vaterland handeln. Was ich in diesen schwersten Stunden meines Lebens für Sie empfinde, wissen Sie und kann ich durch Worte nicht ausdrücken.

Gott schütze Sie und lasse Sie trotz allem baldmöglichst hierherkommen.

Ihr getreuer Hermann Göring

Dringende Offz.-Sache. Sofort in mehrfacher Ausfertigung durch verschiedene Offz.-Kuriere an den Führer.

23. 4. 45

An das
Oberkommando der Wehrmacht
Generaloberst Jodl
mit der Bitte um Weiterleitung an Generalfeldmarschall
Keitel.
Ich bitte, mir umgehend mitzuteilen, ob das OKW noch
in der Lage ist, unmittelbare Weisungen vom Führer zu
erhalten. Wenn nicht, tritt ab 23. 4. 45, 22.00 Uhr, der Erlaß des Führers über die Stellvertretung in allen seinen
Ämtern durch mich in Kraft, soweit ich bis dahin auf
meinen Funkspruch an den Führer eine zustimmende
oder keine Antwort erhalten habe.
    Ich ersuche Sie, von diesem Zeitpunkt ab sich sofort
mit Ihren Organen mit Flugzeugen zu mir zu begeben. Es
muß eine Staatsführung vorhanden sein, soll das Reich
nicht zerfallen.
    Erbitte umgehend Antwort.

Heil Hitler!
Göring, Reichsmarschall

23. 4. 45

Oberst
v. Below (Luftwaffenadjutant Hitlers)
Ich habe an den Führer einen Funkspruch gerichtet. In
diesem Sinne bitte ich, vom Führer persönlich eine Wei-
sung zu erhalten. Seien Sie sich der Verantwortung bewußt, daß der Funkspruch dem Führer persönlich vorge-
legt wird. Antworten Sie, damit ich in dieser schweren
Stunde im Sinne des Führers handeln kann.

Den Zeittermin 22.00 Uhr habe ich gewählt, da mir Lageentwicklung in Berlin unbekannt und ich nicht weiß, ob noch Verbindung besteht.

Heil Hitler!
Ihr Göring, Reichsmarschall

23. 4. 45

An den

Reichsaußenminister von Ribbentrop

Ich habe den Führer gebeten, mich mit Weisungen bis 23. 4. 45, 22.00 Uhr zu versehen. Falls bis zu dieser Zeit ersichtlich ist, daß der Führer seiner Handlungsfreiheit für die Führung des Reiches beraubt ist, tritt sein Erlaß vom 29. 6. 41 in Kraft, nach welchem ich als Stellvertreter in allen seinen Ämtern eintrete. Sollten Sie bis 24.00 Uhr am 23. 4. 45 keinen anderen Bescheid vom Führer direkt oder von mir erhalten, bitte ich Sie, unverzüglich auf dem Luftwege zu mir zu kommen.

Göring, Reichsmarschall

23. 4. 45

Funkspruch

g. Kdos. – Chefsache – nur durch Offiziere!

Der Erlaß vom 29. 6. 41 tritt erst nach meiner besonderen Genehmigung in Kraft. Von einer Handlungsfreiheitsberaubung kann keine Rede sein. Ich verbiete daher jeden Schritt in der von Ihnen angedeuteten Richtung.

Adolf Hitler

Zusatz:

Fernschriftliche Antwort des Führers. Rückantwort der 3 Kuriere steht noch aus.

Funkbetriebsstelle Kurfürst

Aufgenommen und entschlüsselt:

19.50 Uhr Lt. Dorn

23. 4. 45

Führer teilt mit, daß er in seiner Handlungsfreiheit noch völlig frei ist. Somit entfallen Funksprüche von heute mittag.

Heil Hitler!

Hermann Göring

v. Ribbentrop

Jodl

Görings Brief
an Winston Churchill

Angeblich von Hermann Göring stammender Brief an
Großbritanniens Premierminister Winston Churchill.
Das Schreiben soll am 10. Oktober 1946 verfaßt wor-
den sein.

Herr Churchill!
Sie werden nun die Genugtuung haben, mich und
meine Schicksalskameraden zu überleben. Ich stehe
nicht an, Sie zu diesem persönlichen Triumphe und der
Delikatesse zu beglückwünschen, mit der Sie ihn zustande gebracht haben. Sie haben sich und Großbritannien diesen Erfolg wahrhaftig etwas kosten lassen.
Dürfte ich Sie für einfältig genug halten, ihm mehr als die
Bedeutung eines von Ihnen und Ihren Freunden den von
Ihnen gegen das Großdeutsche Reich in den Krieg hin-
einmanövrierten Völkern und Ihren jüdischen und bol-
schewistischen Bundesgenossen geschuldeten Schau-
spiels zuzusprechen, dann wäre diese meine Erklärung
an Ihre Adresse in vorletzter Lebensstunde auch vor den
Augen der Nachwelt an einen Unwürdigen verschwen-
det.
   Mein Stolz als Deutscher und als einer der meistver-
antwortlichen deutschen Führer in einer welthistori-
schen Auseinandersetzung verbietet es mir, an die ent-
ehrende Niedrigkeit des von den Siegern angewendeten
Verfahrens auch nur ein Wort zu verschwenden, soweit
dieses Verfahren meine Person betrifft. Da es aber der of-

fenkundige und erklärte Zweck dieser Justiz ist, das deutsche Volk selbst auf diese Weise in den Abgrund der Rechtlosigkeit hinabzustoßen und es durch die Beseitigung der verantwortlichen Männer des nationalsozialistischen Staates jeder späteren Verteidigungsmöglichkeit ein für allemal zu berauben, habe ich unter dieses von Ihnen und Ihren Verbündeten vorausbeschlossene Urteil noch einige Bemerkungen zu dem geschichtlichen Gegenstande selbst hinzuzufügen.

Ich richte sie an Ihre Adresse, weil Sie als einer der Meistwissenden um die wahren Hintergründe dieses Krieges und um die Möglichkeiten, ihn zu vermeiden oder ihn doch wenigstens in einem für die europäische Zukunft noch tragbaren Stadium zu beenden, dennoch Ihrem eigenen Tribunal Ihr Zeugnis und Ihren Eid verweigerten. Ich will daher nicht verfehlen, Sie rechtzeitig vor das Tribunal der Geschichte zu fordern, und richte meine Erklärung an Ihre Adresse, weil ich weiß, daß dieses Tribunal Sie einmal als den Mann in Europa nennen wird, der mit Ehrgeiz, Intelligenz und Tatkraft das Schicksal der europäischen Nation unter die Räder fremder Weltmächte geworfen hat.

Ich stelle in Ihnen vor der Geschichte den Mann fest, der zwar das Format hatte, Adolf Hitler und sein politisches Werk zu Fall zu bringen, dem es aber versagt bleiben wird, an Stelle des Gefallenen selbst den Schild noch einmal schützend gegen den asiatischen Einbruch in Europa zu erheben. Ihr Ehrgeiz war es, mit Versailles über Deutschland recht zu behalten, Ihr Verhängnis wird es sein, daß Ihnen das gelang. Sie verkörperten den härtesten Trotz Ihres alten Herrenvolkes, aber Sie verkörperten auch den Trotz seines Alters gegen den letzten großen Versuch der erneuerten germanischen Kraft, das Schicksal Europas in den Steppen Asiens zu entscheiden und für die Zukunft zu sichern.

Sie werden, wenn meine Verantwortung längst in der weiteren Entwicklung der Ereignisse ihren objektiven Richter und Anwalt gefunden hat, die Verantwortung dafür zu übernehmen haben, daß der vergangene blutige Krieg nicht der letzte gewesen ist, der um die Lebensmöglichkeit des Kontinents auf seinem Boden ausgefochten werden mußte.

Sie werden zu verantworten haben, daß dem Blutbade von gestern ein noch größeres folgen wird und Europa nicht an der Wolga, sondern an den Pyrenäen um die Entscheidung über Leben und Tod wird antreten müssen. Es ist mein heißer Wunsch, daß Sie den Tag wenigstens noch erleben mögen, an dem die Welt und die abendländischen Nationen insbesondere die bittere Einsicht erfahren werden, daß Sie und Ihr Freund Roosevelt es waren, die ihre Zukunft für den billigen Triumph über das nationalsozialistische Deutschland an den Bolschewismus verkauft haben. Dieser Tag wird schneller kommen, als es Ihnen lieb ist, und Sie werden ihn daher trotz Ihres fortgeschrittenen Alters wahrscheinlich noch rüstig genug auch über den Britischen Inseln blutrot aufgehen sehen. Ich bin überzeugt, daß er Ihnen alle jene schreckenvollen Überraschungen bringen wird, denen Sie dieses Mal durch die Gunst des Kriegsglücks oder den Abscheu der deutschen Kriegführung vor einer völligen Entartung des Kampfes zwischen unseren artverwandten Völkern noch entgangen sind. Mein Wissen um den Stand und den Umfang der nicht zuletzt dank Ihrer militärischen Hilfe der Roten Armee zur Beute gewordenen neuen Waffen und Projekte aus unserem Besitz ermächtigt mich zu dieser Voraussage.

Sie werden zweifellos nicht versäumen, nach Ihrer Gepflogenheit bald gute Memoiren zu schreiben, und Sie werden sie um so besser schreiben, als nun niemand mehr Sie daran zu hindern vermag, nach Ihrem Belieben zu berichten oder zu verschweigen. Dennoch aber werden Sie gegen jene Korrekturen machtlos sein, die eine von Ihnen herbeigeführte Entwicklung unbeirrbar vornehmen wird. Ihre Sache wird es sein, dann den Völkern die Antwort auf die Fragen zu geben, die Sie ihrem Schautribunal schuldig geblieben sind und weniger uns, die wir Ihrer Fairneß nichts zu verdanken wünschten, als der historischen Wahrheit verweigert haben.

Sie glauben es geschickt angefangen zu haben, daß Sie diese geschichtliche Wahrheit den advokatischen Spitzfindigkeiten einer Handvoll ehrgeiziger juristischer Subalternen auf den Seziertisch geworfen haben und zu einem dialektischen Traktat der Paragraphenschusterei verwandeln ließen, obwohl Sie als Brite wie als Staatsmann nur allzu gut wissen, daß sich mit solchen Mitteln die Existenzprobleme der Völker weder in der Vergangenheit lösen und beurteilen ließen noch in der Zukunft lösen lassen.

Ich habe eine zu begründete Meinung von der Kraft und der Verschlagenheit Ihrer Intelligenz, als daß ich Ih-

nen den Glauben an die vulgären Parolen zumuten könnte, mit denen Sie den Krieg gegen uns motivierten und Ihren Sieg über uns in einem circensischen Schaustück
verklären ließen.

Ich erkläre hier als einer der höchsten militärischen,
politischen und wirtschaftlichen Führer des Großdeutschen Reiches noch einmal mit allem Nachdruck, daß
dieser Krieg nur deshalb nicht vermeidbar war, weil die
Politik Großbritanniens unter dem Einfluß Ihrer Person
und Gesinnungsfreunde auf allen Gebieten darauf aus-
ging, den Lebensinteressen und der natürlichen Entwicklung des deutschen Volkes den Weg zu verlegen, und von
senilem Ehrgeiz um die Aufrechterhaltung der britischen Vormachtstellung erfüllt, den Zweiten Weltkrieg
einem von unserer Seite aufrichtig immer wieder ange-
strebten und erhofften Ausgleich auf einer für die beiden
hervorragendsten Nationen Europas tragfähigen und ihre
natürlichen Funktionen und Interessen berücksichti-
genden Basis vorzog.

Ich erkläre noch einmal nachdrücklichst, daß die einzige Schuld des deutschen Volkes an dem Ausbruch des
von Ihnen erzwungenen Zweiten Weltkrieges die ist, daß
es der von Ihnen kunstvoll aufrechterhaltenen und
künstlich geschürten Bedrängnis seiner nationalen Da-
seinsverhältnisse endlich ein endgültiges Ende zu machen versuchte. Es hieß Wasser in den Atlantik tragen,
wollte ich mich Ihnen gegenüber noch über die Ursa-
chen, Zwangsläufigkeiten und Motive auslassen, die im
Verlaufe des Krieges zu den politischen und militärischen Weiterungen geführt haben, die Ihre juristischen

Beflissenen hier so zielsicher einseitig auf Kosten der nationalsozialistischen Staatsführung und des deutschen Volkes auszuweiden verstanden. Der verwüstete europäische Kulturraum und sein in Schutt und Asche liegender historischer Reichtum zeugen heute in erster Linie noch von der verzweifelten Erbitterung, mit der ein großes und stolzes Volk gestern mit einem Opfermut ohnegleichen um seine Existenz gekämpft hat.

Morgen aber werden sie von einer Bedenkenlosigkeit zeugen, mit der allein die von Ihnen ins Feld geführte Übermacht die Unterwerfung und Entrechtung dieses Volkes zustande zu bringen vermochte. Übermorgen aber werden die Ruinen von dem Verrat zeugen, der Europa an das rote Asiatentum ausgeliefert hat. Das von Ihnen erschlagene Deutschland wird sich gerade durch seinen Untergang an Ihnen rächen, denn Sie haben weder eine bessere Politik als wir gemacht noch eine größere Tüchtigkeit und Tapferkeit an den Tag gelegt als wir. Sie haben den Sieg nicht besseren Qualitäten und einer eingebildeten Überlegenheit Ihrer eigenen Kraft und Kunst, sondern einzig nach sechs Jahren dem ungeheuren Gewicht der Übermacht Ihrer Koalition zu verdanken. Nehmen Sie ihn nicht für das, als was Sie ihn ausgeben. Die Früchte Ihrer politischen Kunst werden Sie und Ihr Land bald ernten. Was Sie uns gegenüber als erfahrener Zyniker nicht gelten lassen wollten – daß nämlich unser Kampf im Osten eine höchste Notwehrreaktion nicht nur für Deutschland, sondern zugleich auch für Europa und die eigentliche Rechtfertigung aller von Ihrer Seite so kurz und bündig verurteilten Maßnahmen und Akte der deutschen Kriegsführung im einzelnen gewesen ist –, wird Ihnen und dem britischen Empire Ihr heute noch verbündeter Freund Stalin bald beweisen. Sie werden dann erfahren, was es heißt, gegen diesen Gegner zu kämpfen, und Sie werden erfahren, daß auch Ihre Not dann kein Gebot kennt und Sie weder mit advokatischen Traktaten noch mit dem Gewicht Großbritanniens und seiner europäischen Zwerge erfolgreich begegnen können.

Sie haben dem deutschen Volk gegenüber die Behauptung aufgestellt, daß es Ihnen in erster Linie um die Wiederherstellung seiner demokratischen Lebensformen gegangen sei. Sie haben jedoch kein Wort darüber gesprochen, daß es Ihnen auch um die Wiederherstellung der ihm nun seit einem Vierteljahrhundert vorenthaltenen vernünftigen Lebensgrundlagen geht. Ihr Name steht unter allen prinzipiellen Dokumenten dieser Ära der britischen Verständnislosigkeit und Eifersucht gegen Deutschland. Ihr Name wird auch unter dem Resultat stehen, daß diese Ära mit der Liquidierung Deutschlands vor der Geschichte für den Bestand Europas herausgefordert hat.

Mein Glaube an die Lebenskraft meines Volkes ist unerschütterlich. Es wird stärker sein und länger leben als Sie. Aber mich schmerzt, daß es Ihnen wehrlos ausgeliefert ist und nun mit zu den unglücklichen Opfern gehört, die dank Ihres Erfolges nun nicht einem Zeitalter segensreicher Arbeit für die Verwirklichung der durch die Natur und die Vernunft den abendländischen Völkern gestellten gemeinsamen Aufgaben, sondern der größten gemeinsamen Katastrophe ihrer gemeinsamen Geschichte entgegengehen.

Ich erspare mir den Disput über Exzesse, die Sie uns zu Recht oder zu Unrecht vorwerfen und die weder meiner noch der Auffassung des deutschen Volkes entsprechen, ebenso über die, welche auf Ihrer Seite und der ihrer Verbündeten gegen Millionen Deutsche begangen worden sind. Denn ich weiß, daß Sie hinter diesem Vorwand das gesamte deutsche Volk zum Gegenstand eines kollektiven Exzesses von weltgeschichtlich nie dagewesenem Ausmaße gemacht haben und daß Sie auch ohne diese in der Behandlung Deutschlands nicht anders verfahren wären, weil Sie seit 1914 Ihr Ziel unentwegt und beharrlich in nichts anderem als in der Zertrümmerung des Deutschen Reiches gesehen haben. Diese Ihre historische Zielsetzung versagt Ihnen den Anspruch auf ein Richteramt über die vermeidbaren und unvermeidbaren Folgewirkungen, die Ihre kaltblütige Zielstrebigkeit herausgefordert oder Ihnen als nachträgliches Beweismittel für die Berechtigung Ihres Bestrebens willkommen waren. Ich bereue heute als meinen und der NS-Staatsführung schwersten Fehler und allein den verhängnisvollen Irrtum, dem ich und unsere Politik in der Beurteilung Ihrer staatsmännischen Einsichtskraft unterlagen. Ich bedauere, Ihnen die Einsicht in die weltpolitische Notwendigkeit eines befriedeten und lebensfähigen Deutschlands auch für den Fortbestand des britischen Empire zugetraut zu haben. Ich bedauere, daß unsere Macht und unsere Mittel nicht dazu ausreichten, Ihnen wenigstens noch in allerletzter Minute die Erkenntnis abzuringen, daß die Liquidierung Deutschlands der Beginn der Liquidierung der britischen Weltmacht sein wird. Wir traten an und handelten jeder nach seinem Gesetz, ich nach dem neuen, für den dieses Europa schon zu alt, und Sie nach dem alten, für das dies Europa nicht mehr genug bedeutend ist in der Welt.

Ich werde meinen Weg zu Ende zu gehen wissen in dem sicheren Bewußtsein, als deutscher Nationalsozialist trotz allem auch ein besserer Europäer gewesen zu sein als Sie. Ich überlasse das Urteil darüber beruhigt der Nachwelt, der Sie nach meinem aufrichtigen Wunsch noch möglichst lange angehören mögen. Vielleicht bietet das Schicksal Ihnen dann die Chance, die Sie mir geboten haben: im Untergang eine Wahrheit zu hinterlassen.

Literaturverzeichnis

Im folgenden sind Werke aufgeführt, die unterschiedliche Aspekte des Themas vertiefen und erweitern. Die Autoren haben nicht alle diese Quellen benutzt; nicht alles Material, das diesem Buch zugrunde liegt, ist hier verzeichnet.

Adam: »Judenpolitik im Dritten Reich«, Düsseldorf 1972

Aldermann: »Background and High Lights of the Nuremberg Trial«, New York 1947

Alexander: »Justice at Nuremberg«, Chicago 1955

Andrus: »The Infamous of Nuremberg«, London 1969

Autorenkollektiv: »Anatomy of the SS-State«, London 1968

Belgion: »Vicotry's Justice«, Chicago 1949

Bernstein: »The Story of Nuremberg«, New York 1947

Bewley: »Hermann Göring«, Göttingen 1956

Bleibtreu: »Göring: Ich werde nichts verschweigen«, Wien 1950

Blood-Ryan: »The Iron Man of Germany«, London 1938

Bodenschatz: »Jagd in Flanderns Himmel«, München 1935

Bolat: »Die letzten Tage der Reichskanzlei«, Hamburg 1947

Bracker: »Adolf Hitler«, München 1964

Bross: »Gespräche mit Hermann Göring«, Hamburg o. J.

Bullock: »Hitler«, Düsseldorf 1954

Butler/Young: »Marshal without Glory«, London 1951

Churchill: »The Second World War«, London 1948

Cooper: »The Nuremberg Trial«, London 1947

Dahlerus: »The Last Attempt«, London 1948

Diels: »Lucifer ante portas«, Stuttgart 1950

Dietrich: »12 Jahre mit Hitler«, München 1955

Duff: »A Handbook of Hanging«, London 1961

Fraenkel/Manuell: »Hermann Göring«, London 1962

François-Poncet: »Souvenirs d'une Ambassade à Berlin«, Berlin 1946

Frank: »Im Angesicht des Galgens«, München 1953

Frischauer: »Ein Marschallstab zerbrach«, Ulm 1951

Galland: »Die Ersten und die Letzten«, Darmstadt 1953

Gerhard: »Robert H. Jackson«, New York 1958

Gilbert: »Nuremberg Diary«, London o. J.

Gilbert: »The Psychology of Dictatorship«, New York 1950

Goebbels: »Tagebücher aus den Jahren 1942–1943«, Zürich 1948

Göring: »An der Seite meines Mannes«, Göttingen 1967

Görlitz/Quint: »Adolf Hitler«, Göttingen 1974

Gordon: »Hitlerputsch 1923«, Frankfurt 1971

Gritzbach: »Hermann Görings Reden und Aufsätze«, München o. J.

Gründler/Munikowsky: »Das Gericht der Sieger«, Hamburg 1967

Haensel: »Das Gericht vertagt sich«, Hamburg 1950

Heiden: »Geburt des Dritten Reiches«

Heydecker/Leeb: »Der Nürnberger Prozeß«, Köln 1960

Heydn: »The Life of Lord Birkett of Ulverston«, London 1964

Hoffmann: »Die Sicherheit des Diktators«, München 1975

Irving: »Die Tragödie der deutschen Luftwaffe«, Frankfurt 1970

Jackson: »Nuremberg in Retrospect«, Montreal 1949

Jackson: »The Nuremberg Case«, New York 1947

Jackson: »Trial of the Trials«, New York 1950

Kelley: »22 Cells in Nuremberg«, New York 1947

Kemper: »Das Dritte Reich im Kreuzverhör«, München 1969

Koller: »Der letzte Monat«, Mannheim 1949

Kranzbühler: »Rückblick auf Nürnberg«, Hamburg 1949

Kühnl: »Der deutsche Faschismus«, Berlin 1970

Lee: »The German Air Forces«, London 1946

Liddell: »Geschichte des Zweiten Weltkrieges«, Wien 1972

Lunau: »The Germans on Trial«, New York 1948

Maser: »Der Sturm auf die Republik«, Stuttgart 1973

Maser: »Die Frühgeschichte der NSDAP«, Frankfurt o.J.

Mosley: »Göring«, München 1974

Oaksey: »The Nuremberg Trial«, New York 1947

Papen: »Der Wahrheit eine Gasse«, München 1952

Pflücker: »Als Gefängnisarzt in Nürnberg«, Korbach 1952

Reed: »The Burning of the Reichstag«, London 1934

Schwarzberger: »The Judegement of Nuremberg«, New York 1948

Schmidt: »Guilt is Punished«, New York 1946

Shawcross: »Nürnberg«, Hamburg 1946

Shirer: »The Rise and Fall of the Third Reich«, New York 1960

Speer: »Erinnerungen«, Berlin 1969

Speer: »Spandauer Tagebücher«, Berlin 1975

Steiniger: »Der Nürnberger Prozeß«, Berlin 1957

Taylor: »Nürnberg Trials«, New York 1949

Taylor: »Die Nürnberger Prozesse«, Zürich 1951

Thyssen: »I paid Hitler«, London 1941

Vallant: »Le Front de l'Art«, Paris 1962

Vernehmungs-Protokolle des IMT Nuremberg, Washington

Personenregister